Kohlhammer

Lindauer Beiträge zur Psychotherapie und Psychosomatik
Herausgegeben von Michael Ermann

M. Ermann: Herz und Seele (2005)
M. Ermann: Träume und Träumen (2005)
M. Ermann: Freud und die Psychoanalyse (2008)
M. Ermann: Psychoanalyse in den Jahren nach Freud (2009/2012)
M. Ermann: Psychoanalyse heute (2010/2012)
M. Ermann: Angst und Angststörungen (2012)
R. Gross: Der Psychotherapeut im Film (2012)
O. F. Kernberg: Hass, Wut, Gewalt und Narzissmus (2012)
J. Körner: Abwehr und Persönlichkeit (2013)
R. Kreische: Paarbeziehungen und Paartherapie (2012)
W. Machleidt: Migration, Kultur und psychische Gesundheit (2013)
L. Reddemann: Kontexte von Achtsamkeit in der Psychotherapie (2011)
U. Streeck: Gestik und die therapeutische Beziehung (2009)
R. T. Vogel: Existenzielle Themen in der Psychotherapie (2013)
L. Wurmser: Scham und der böse Blick (2011)
H. Znoj: Trauer und Trauerbewältigung (2012)

Jürgen Körner

Abwehr und Persönlichkeit

Verlag W. Kohlhammer

Dieses Werk einschließlich aller seiner Teile ist urheberrechtlich geschützt. Jede Verwendung außerhalb der engen Grenzen des Urheberrechts ist ohne Zustimmung des Verlags unzulässig und strafbar. Das gilt insbesondere für Vervielfältigungen, Übersetzungen, Mikroverfilmungen und für die Einspeicherung und Verarbeitung in elektronischen Systemen.

Dieses Buch stellt eine grundlegend überarbeitete und erweiterte Fassung der Vorlesungen dar, die der Autor zum gleichen Thema im Rahmen der Lindauer Psychotherapiewochen gehalten hat. Unter www.auditoriumnetzwerk.de ist eine Übersicht aller Aufnahmen der Lindauer Psychotherapiewochen einzusehen, die unter info@auditorium-netzwerk.de angefordert werden kann.

1. Auflage 2013

Alle Rechte vorbehalten
© 2013 W. Kohlhammer GmbH Stuttgart
Umschlag: Gestaltungskonzept Peter Horlacher
Gesamtherstellung:
W. Kohlhammer GmbH + Co. KG, Stuttgart
Printed in Germany

ISBN 978-3-17-022979-2

Inhalt

Vorwort 7

1. Vorlesung
Begriff und Geschichte 9
   Innere Konflikte 11

2. Vorlesung
Theorie und Systematik 15
   Der Ärger in der Kinokassen-Schlange 16
   Abwehr auf der Zeitachse 18

3. Vorlesung
Das Ich im „Abwehrkampf" als Verlierer und als Sieger 25
   Das Ich als Gewinner im „Abwehrkampf" 34

4. Vorlesung
Interpersonelle Abwehr 41
   Die interpersonale Abwehr braucht den anderen 43
   Kollusionen 47
   Interpersonale Abwehr in sozialen Gruppen 50
   Interpersonale Abwehr in Großgruppen und Institutionen ... 52
   Die projektive Identifizierung 54
   Die Geschichte der Übertragungskonzepte,
   zu Ende erzählt 56

5. Vorlesung
Abwehr im Rahmen der psychoanalytischen Situation 60
   Abwehr stützt den Rahmen 61
   Der Rahmen der psychoanalytischen Situation 64
   Abwehr und Widerstand 66
   Die Aufgaben des Analytikers 71

Abwehrdeutungen 75
Die Vorleistung des Analytikers 78

6. Vorlesung
Abwehr an der Schnittstelle von Individuum und Kultur 84
Sublimierungen 86
Die Anfänge der Persönlichkeitsentwicklung
im Hochmittelalter 90

7. Vorlesung
Die Aufgabe der Psychoanalyse 99
Makro-Perspektive 102
Kann man Abwehr erzeugen? 107
Noch einmal: Die Makro-Perspektive 110

Literatur 113

Stichwortverzeichnis 121

Personenverzeichnis 124

Vorwort

Abwehr ist nicht beliebt. Sie verrät, dass eine Person in die Defensive geraten ist und sich gegen eine innere Gefahr zur Wehr setzen muss. Meist sind es Drohungen aus dem Über-Ich oder quälende Ansprüche des Ich-Ideals, die zu radikalen Selbsteinschränkungen zwingen. Abwehrmechanismen müssen unbewusst ablaufen, um wirksam zu sein, das macht sie erst recht suspekt. Sie setzen sich gleichsam hinter dem Rücken des Subjekts durch und durchkreuzen seine Idee von selbstbewusstem und entscheidungsfreiem Handeln. Indem sich die Abwehr gegen eigene Phantasien, Wünsche und Absichten richtet, scheint sie den Menschen von sich selbst zu entfremden – zugunsten einer blinden Anpassung an internalisierte, „triebfeindliche" Verbote oder soziale und kulturelle Ansprüche.

Psychoanalytiker halten sich gern zugute, dass sie „triebfreundlich" sind und ihre Patienten ermutigen, die Fesseln ihrer eigenen Abwehrmechanismen zu lösen und dadurch Erlebnisfähigkeit und Handlungsfreiheit zurückzugewinnen. Darin ähneln sie den Verfechtern einer „antiautoritären" Erziehung, die in der abwehrbetonten Persönlichkeit den zwar gut angepassten, aber politisch unmündigen und leicht manipulierbaren Untertanen erblicken. Beide übersehen aber, dass es die Abwehrmechanismen dem Menschen überhaupt erst ermöglichen, sich zu einer sozialen Persönlichkeit zu entwickeln und ein kulturelles Leben in einer modernen Gesellschaft mit zu gestalten.

Das Subjekt ist im „Abwehrkampf" nicht nur ein Verlierer, sondern auch ein Gewinner. Zwar verengt es in der Abwehr seine Selbsterkenntnis und schränkt seine Handlungsfreiheit im ärgsten Falle bis zur Symptombildung ein, aber es entwickelt über Abwehrprozesse seinen Charakter und bereichert seine Erlebens- und Genussmöglichkeiten um ein Vielfaches. Dieser Doppelcharakter der Abwehr zeigt sich in der Betrachtung individueller Entwicklungsgeschichte, in der Analyse sozialer Gruppierungen wie auch in der Makro-Perspektive auf kulturelle Prozesse.

Weil über die negativen Seiten der Abwehr schon viel geschrieben wurde, soll sich dieses Buch ausführlicher mit dem Subjekt beschäftigen, das als „Sieger" aus dem „Abwehrkampf" hervorgeht, indem es an seiner eigenen Selbstbeschränkung sogar zu wachsen vermag.

Berlin, im Frühjahr 2013 *Jürgen Körner*

1. Vorlesung
Begriff und Geschichte

Der Begriff der „Abwehr" lässt an kriegerische Auseinandersetzungen denken: Ein gefährlicher Angriff muss abgewehrt, also zurückgeschlagen, unschädlich gemacht werden, da hilft sich ein Verteidiger in einer bedrängten Lage, und nur wenn die Abwehr gelingt, kann er sich wieder sicher fühlen. Auch andere Begriffe der frühen Freud'schen Terminologie legen solche bedrohlichen Assoziationen nahe: Besetzung und Gegenbesetzung, Unterdrückung, Reaktionsbildung und Widerstand. Tatsächlich stellte Freud sich das Seelenleben des Menschen von Anfang an als ein spannungsreiches Konfliktgeschehen vor, also schon zu jener Zeit (1895)[1], als er noch stoffliche (elektrische, chemische) Ursachen für die körperlichen Erkrankungen seiner Patientinnen suchte. Auch wenn Freud seinen naturwissenschaftlich angelegten Entwurf recht bald in eine psychologische Theorie über die Dynamik des Seelenlebens verwandelte, behielt er den Begriff der Abwehr zunächst bei.

Ehlers[2] beschreibt, dass Freud in seinen Konzepten von der kurz zuvor entwickelten Infektionstheorie von Pasteur und Koch beeinflusst worden war. Diese hatten erkannt, dass zahlreiche Krankheitssymptome des Körpers nicht nur Fehlfunktionen darstellen, sondern als Ergebnis aktiver Versuche zu verstehen seien, sich gegen gefährliche Angriffe feindlicher, also etwa giftiger Erreger zur Wehr zu setzen. Auf ähnliche Weise verstand Freud auch die psychische Abwehr als aktive Form der Auseinandersetzung mit belastenden Erfahrungen, die nicht nur Schaden anrichtet, indem sie das Individuum einengt, sondern im günstigen Falle sogar seine Handlungsfreiheit vergrößert.

Im Jahre 1906 ersetzte Freud den Begriff der Abwehr durch den der Verdrängung[3], jedoch nicht vollständig, denn er behielt Begriffe

---

1 Freud S (1895)
2 Ehlers W (2008), S. 15
3 Freud S (2006), S. 156

1. Vorlesung: Begriff und Geschichte

wie etwa „Abwehrkampf" bei. Für längere Zeit setzte er „das Verdrängte" mit dem Unbewussten gleich und stellte es in einen spannungsreichen Gegensatz zu dem Bewussten und Vorbewussten. Erst als ihm klar wurde[4], dass auch große Teile des Ichs unbewusst waren, gab er dieses „erste topische Modell" wieder auf und setzte an seine Stelle das „Strukturmodell" mit seiner Gliederung Es – Ich – Über-Ich. Die Gleichungen „Das Unbewusste entspricht dem Abgewehrten" und „Das Vorbewusste und Bewusste entspricht dem Ich" konnten nicht aufrechterhalten werden[5]. 1926 dann führte Freud den Begriff „Abwehr" wieder als einen Oberbegriff ein, nämlich als Bezeichnung einer Gruppe sehr unterschiedlicher Methoden, subjektiv gefährliche psychische Inhalte aus dem Bewussten zu entfernen und damit unschädlich zu machen. Verdrängung ist seither einer von zahlreichen, sehr unterschiedlichen „Abwehrmechanismen", Freud nannte in der gleichen Arbeit[6] auch noch die Regression, die Reaktionsbildung (reaktive Ich-Veränderung), die Introjektion (mit dem Sonderfall der Identifikation mit dem Angreifer), das Ungeschehenmachen, das Isolieren und die Projektion.

Anna Freud veröffentlichte 1936[7] ihr Werk „Das Ich und die Abwehrmechanismen" mit einer systematischen Darstellung der unterschiedlichen Abwehrformen. Seither sind zahlreiche Arbeiten zum Thema erschienen, und es fehlt nicht an Versuchen, die sehr heterogene Gruppe von Abwehrmechanismen zu kategorisieren und unter verschiedenen Gesichtspunkten in eine Systematik zu bringen: Man kann „reife" von „unreifen" Abwehrmechanismen unterscheiden, man kann Anlässe und Ziele des Abwehrprozesses differenzieren und insbesondere die jeweils verwendete Technik des Abwehrens zum Ausgangspunkt für systematische Unterscheidungen nehmen. Ich werde im Weiteren einige dieser Gliederungsvorschläge behandeln.

---

4 Freud S (1923)
5 Es ist charakteristisch für Freud, dass er es akzeptierte, wenn seine Beobachtungen in der Anwendung der Psychoanalyse mit seinen Theorien nicht übereinstimmten und er war – ein Glück für uns – bereit, seine theoretischen Erkenntnisse den Erfahrungen anzupassen – und nicht umgekehrt.
6 Freud S (1926), S. 149 ff
7 Freud A (1936)

Innere Konflikte

Welches sind nun die Gefahren, die unsere Abwehr hervorrufen? Es sind selbstverständlich innere Vorgänge, also Gedanken, Gefühle, Phantasien, Erinnerungen und Handlungsimpulse, die uns selbst in Bedrängnis bringen, die wir fürchten, die uns peinlich sind oder die uns mit unserem Gewissen in Konflikt bringen. Häufig genug sind äußere Ereignisse der Anlass für eine innere Gefahr, z. B. dann, wenn wir etwas Schreckliches erleben und Angst haben, von diesem Erlebnis überwältigt zu werden. Die wichtige Unterscheidung zwischen einem äußeren Anlass und einer inneren Gefahr führte mitunter zu dem Vorwurf dass die Psychoanalyse die Wirksamkeit realer Erfahrungen unterschätze, wenn nicht gar ignoriere[8]. Das ist ein Missverständnis. Nach psychoanalytischer Auffassung reagiert das Subjekt aber nicht auf die Ereignisse an sich, sondern mit wenigen Ausnahmen immer darauf, was diese Ereignisse subjektiv bedeuten und in welchem Kontext sie geschehen. Das kann dazu führen, dass ein scheinbar harmloser Zwischenfall als äußerst bedrohlich wahrgenommen wird. Nur in den Grenzfällen traumatischer Erlebnisse spielt die subjektive Bewertung des Geschehens eine untergeordnete Rolle.

Freuds Krankengeschichte vom „Kleinen Hans"[9] gibt ein gutes Beispiel für den Unterschied und das Zusammenwirken inneren und äußeren Geschehens. Der „Kleine Hans" war ein fünfjähriger Knabe, der eine Pferdephobie entwickelt hatte, deretwegen sein Vater Freud mehrfach konsultierte. Freud entwickelte die Hypothese, dass der „Kleine Hans" eine große Angst vor dem Vater auf Pferde verschoben hatte; den Erklärungshintergrund bildete die Theorie über die Dynamik des ödipalen Konfliktes. Diese Erklärung war richtig, und sie half auch in diesem Falle.

Beim Studium der Fallgeschichte vom „Kleinen Hans" wird das ödipale Drama, dem sich der Junge ausgesetzt sah, anschaulich und anrührend. Tatsächlich liebte dieser Junge seine Mutter über alles, wollte ihr überall nahe sein, und offenkundig hätte er sich gern an die Stelle seines Vaters gesetzt. Dieser spielte das ödipale Drama mit, ohne sich dessen bewusst zu sein, und in seinen Schilderungen wird

---

8 Man denke nur an den Vorwurf (z. B. Masson 1984), Freud habe mit seiner Wendung von der Traumatheorie zur Konflikttheorie die Schuld vieler Väter seiner Generation an der Sexualunterdrückung, wenn nicht gar an dem sexuellen Missbrauch ihrer Töchter verharmlosen wollen.
9 Freud S (1909)

deutlich, dass seinem Sohn unverhohlen mit Kastration gedroht wurde. Waren diese Drohungen nun schon der äußere Anlass, der den kleinen Jungen in solche Angst versetzte und zur Symptombildung zwang? Wahrscheinlich nicht, denn diese Drohungen wurden erst dadurch zu einer großen Gefahr, dass der „Kleine Hans" sie als einen tatsächlich tödlich gemeinten Angriff phantasierte. Er glaubte, der Vater könnte ihn wirklich ernsthaft verletzen und sich dadurch für die Todeswünsche seines Sohnes rächen. Das heißt: Erst die Wünsche des Kleinen Hans, seinen Vater zu beseitigen, verwandelten die bewusst nur halbwegs ernst gemeinten Drohungen des Vaters für den Sohn in die Ankündigung eines tödlichen Angriffs. Dass dieser Vater im Unbewussten sehr wohl die Rivalität seines Sohnes wahrgenommen hatte, mag in seinen Drohungen durchaus zum Ausdruck gekommen sein. Diese sind aber für sich genommen kein rechter Anlass für eine Phobie gewesen; erst der Kontext, in dem der „Kleine Hans" sie verstand, stattete sie mit dieser Bedrohlichkeit aus.

Es sind also die inneren Gefahren, denen wir mit unserer Abwehr begegnen. Während wir, so meinte Anna Freud 1936, zumeist in der Lage wären, einer äußeren Gefahr auszuweichen oder ihr zu entfliehen, ist es nicht möglich, inneren Gefahren zu entgehen – außer, wir wehren sie ab.

Die Abwehr wendet sich also gegen alle Gedanken, Gefühle, Erinnerungen, Phantasien oder Handlungstendenzen, die wir als innere Gefahr erleben. Zunächst sind es die eigenen Triebansprüche, die uns in Angst versetzen können. Warum machen sie Angst, wo sie doch eigentlich lustvoll sind, weswegen sie ja nach Verwirklichung drängen, eben dem Lustprinzip folgen wollen? Sie machen Angst, weil sie im System Es zwar als lustvoll erscheinen mögen, dem Ich hingegen erscheinen sie als gefährlich, schon allein wegen ihrer Primärprozesshaftigkeit und der Gefahr einer „Überschwemmung" und des Kontrollverlustes. Außerdem machen sie Angst, weil sie schwere innere Konflikte mit den eigenen Bewertungssystemen des Über-Ichs und des Ich-Ideals heraufbeschwören.

Abwehrmechanismen werden nicht nur von inneren Konflikten heraufbeschworen, sondern auch von starken Affekten, die das Ich zu überschwemmen drohen: Schwere narzisstische Kränkungen und Beeinträchtigungen des Selbstwertgefühls (Hoffmann), depressive Affekte (Brenner), Schamaffekte (Wurmser) und heftige, schmerzhafte Affekte überhaupt (A. Freud). Für viele Autoren ist aber der Konflikt zwischen dem Triebanspruch und dem Über-Ich der klassische Fall des inneren Konfliktes, der die Abwehraktivität des Ichs heraufbeschwört. Auch in diesem Falle (ähnlich wie im Beispiel des Kleinen

Hans oben) ist es aber wichtig, den auslösenden Konflikt als *inneren* Konflikt zu verstehen – nicht als einen Konflikt zwischen dem Triebwunsch eines Kindes und den Verboten der Erwachsenen. Zwar entwickelt das Kind sein Über-Ich immer auch in Anlehnung an die Wertvorstellungen seiner Eltern, aber die Internalisierung dieser Wertvorstellungen ist niemals als reine Abbildung jener elterlichen Normen zu verstehen. Vielmehr interpretiert das Kind seine Welt, und es entwirft seine eigenen Vorstellungen von Moral, die nicht selten sehr viel strenger sind als die seiner Eltern.

Nun sind zu diesem „klassischen" Konflikt zwischen dem Triebimpuls und dem eigenen Über-Ich Differenzierungen angebracht. Zunächst lässt sich der Triebbegriff erweitern, denn die dualistische Triebtheorie aus den Anfängen der Psychoanalyse – gemeint ist der Sexualtrieb und der Aggressionstrieb – wurde mit überzeugenden Argumenten von Lichtenberg[10] erweitert zu einer Theorie von Motivsystemen, die als Differenzierung dieser dualen Triebtheorie verstanden werden können, und die einen genaueren Blick auf das motivationale Geschehen im menschlichen Subjekt erlaubt. Hier eine Aufzählung dieser Motivsysteme[11]:

- das Motivsystem des Neugeborenen nach einer Homöostase des Wohlbefindens,
- das Motivsystem der Bindung und Verbundenheit,
- das Motivsystem Selbstbehauptung, der Neugier und der Exploration,
- das Motivsystem der aversiven Reaktion,
- das Motivsystem des sinnlichen Vergnügens und der sexuellen Empfindung.

Diese Motivsysteme können zueinander durchaus in Konflikt geraten, tun es sogar regelmäßig: Z. B. muss jedes Kind das Motivsystem der Bindung mit dem der Neugier und der Exploration gegeneinander ausbalancieren. Der Dreijährige also, der einerseits die Bindung zu seiner Mutter genießt und am liebsten immer in ihrer Nähe sein möchte, hat aber doch andererseits den Wunsch, die Welt selbst zu erobern und mit anderen Kindern zusammen zu sein. Beides aber geht nicht gleichzeitig, und so pendelt er häufig hin und her, rennt los, folgt also seinem Explorationswunsch, um sich dann aber bald wieder herumzuwerfen und zumindest kurz bei seiner Mutter wieder „aufzutanken", wie Margret Mahler das nannte.

---

10   Lichtenberg J (1991)
11   Nach Ludwig-Körner (2012), S. 96 f

1. Vorlesung: Begriff und Geschichte

Alle Kinder müssen in diesem Konflikt zwischen den Motivsystemen von Bindung und Exploration immer wieder eine Lösung finden, und es liegt bei den Erwachsenen, inwieweit sie die Lösungsversuche ihrer Kinder fördern oder behindern. Nicht selten erschweren Mütter ihrem Kind die Lösung, indem sie ihm vermitteln, dass sie seine Entfernung als schmerzvoll erleben und eigentlich nur darauf warten, dass es endlich zu ihnen zurückkehrt. Das Lied vom „Hänschenklein" schildert diese Szene sehr präzise, es ist eine Geschichte von einem abgebrochenen Individuationsversuch. Und der Liedtext macht uns darauf aufmerksam, dass es sich auch hier um einen inneren, nicht um einen äußeren Konflikt handelt: Denn nachdem das Hänschen „in die weite Welt hinein" gegangen war, weinte die Mutter sehr – genauer gesagt: Er *glaubte*, die Mutter weinte sehr, und er „besann sich" und „kehrt nach Haus geschwind".

Es ist interessant, dass der Liedtext im Original aus der Mitte des 19. Jahrhunderts ganz anders endete. Nach dem

„Doch die Mutter weinet sehr
Hat ja nun kein Hänschen mehr"

fährt der Text im Original fort:

„Wünsch dir Glück!"
Sagt ihr Blick,
„Kehr' nur bald zurück!"

So wurde aus der Geschichte über die Ablösung eines jungen Mannes des 19. Jahrhunderts ein Text über den gescheiterten Individuationsversuch eines Kindes im 20. Jahrhundert. In dieser Rückverlegung des inneren Konfliktes von der Thematik des Erwachsenwerdens hin zu dem Problem der Ablösung von der Mutter spiegelt sich gewiss das wachsende Bewusstsein für die schwierigen Entwicklungsaufgaben eines kleinen Kindes.

2. Vorlesung
Theorie und Systematik

Anna Freud[12] nannte zehn Abwehrmechanismen: Verdrängung, Regression, Reaktionsbildung, Isolierung, Ungeschehenmachen, Introjektion (mit Identifizierung gleichgesetzt), Projektion, Wendung gegen die eigene Person, Verkehrung ins Gegenteil und Identifizierung mit dem Aggressor. Schon ihr Vater hatte in einer frühen Arbeit[13] zahlreiche Mechanismen der Abwehr unterschieden und den bis dahin bekannten Krankheitsbildern zugeordnet: Der Zwangsneurose die Ersatzbildung, der Psychose die Projektion und der Hysterie die Konversion.

Aus heutiger Sicht erscheinen die zehn „Mechanismen" Anna Freuds als sehr heterogen:

- Einige wirken als Manipulation am Trieb, seiner Quelle, seinem Objekt oder seinem Ziel: Regression, Verkehrung ins Gegenteil (Verwandlung des Triebziels wie in der Polarität von Sadismus und Masochismus), Wendung gegen die eigene Person (eine Vertauschung des Triebobjekts), Sublimierung (als Verschiebung des Triebziels oder Triebobjekts) und Projektion (eine Illusion über die Triebquelle).
- Andere lassen sich zu Techniken der Gegenbesetzung zusammenfassen: Isolierung, Ungeschehenmachen, Reaktionsbildung und Introjektion bzw. Identifikation mit dem Angreifer.
- Übrig bliebe die Rationalisierung, die als nachträgliche Rechtfertigung zu verstehen ist und insofern eigentlich aus der Systematik der Abwehrmechanismen herausfällt.
- Die Verdrängung nimmt eine Sonderstellung ein: Sie ist an allen Abwehrmechanismen beteiligt.

---
12 Freud A (1936)
13 Freud S (1896)

2. Vorlesung: Theorie und Systematik

Der Ärger in der Kinokassen-Schlange

Bevor ich versuchen will, die Theorie und Systematik durchzugehen, möchte ich anhand eines alltäglichen Beispiels einige der besonders häufigen Abwehrformen charakterisieren. Man stelle sich folgende Situation vor: Wir stehen vor der Kinokasse in einer langen Warteschlange. Es ist schon spät, die Schlange ist lang, und es könnte sein, dass nur noch wenige Plätze zur Verfügung stehen. In dieser Situation geht ein Unbekannter von hinten an uns vorbei und stellt sich ganz weit vorn in die Warteschlange. Jetzt droht uns eine innere Gefahr: Ein Wutaffekt, der je nach Persönlichkeit milder oder krasser ausfallen könnte und – wiederum je nach Persönlichkeit – von uns selbst mehr oder weniger gefürchtet würde – wenn er ins Bewusstsein oder gar ins Handeln drängte. Hier nun eine Auswahl möglicher Abwehrformen:

- In der *Verleugnung* glauben wir, nichts gesehen zu haben. Wir haben nicht wahrgenommen, dass sich jemand vordrängelte, es gibt also nichts, worüber wir uns ärgern müssten.
- Wir könnten auch die *Verneinung* wählen; in diesem Fall nehmen wir zwar wahr, dass jemand nach vorn an uns vorbeiging, aber wir glauben z. B., dass der Unbekannte schon vorher dort gestanden hatte. Die Verneinung wäre demnach ein weniger starker Eingriff in die Realitätswahrnehmung als die Verleugnung, aber doch eine sehr weitreichende Manipulation der Wirklichkeitserfahrung.
- Wie sähe die *Wendung gegen die eigene Person* aus? Wir könnten uns Vorwürfe machen, dass wir uns viel zu spät angestellt haben. In diesem Falle wären wir selbst schuld, es geschähe uns ganz recht.
- In der *Reaktionsbildung* würden wir den (uns selbst!) drohenden Zorn in sein Gegenteil zu verwandeln suchen, z. B. amüsiert reagieren: „Na, der traut sich ja was ...", und vielleicht, wie bei Reaktionsbildungen häufig, einen subtil-aggressiven Gedanken anheften: „... so ein kleiner Psychopath!"
- Auch eine *Identifizierung mit dem Aggressor* wäre leicht denkbar: „Ich sollte froh sein, wenn es heute mit der Eintrittskarte nichts mehr würde. Denn morgen ist Kinotag, die Karten werden deutlich billiger sein, und dann würde ich sogar noch Geld sparen."
- Schließlich: Die *Rationalisierung* ist in dem gewählten Beispiel weniger leicht vorstellbar, denn diese Abwehrform zielt weniger darauf, den gefürchteten Affekt unbewusst zu halten, sondern versucht, diesen Affekt mit einer vermeintlich akzeptablen Begründung

doch auszuleben. Wir könnten uns also vor den Vordrängler in die Schlange stellen und sagen: „Ich glaube, Sie haben vorher schon hinter mir gestanden."

Für die *Verdrängung* kann ich hier kein eigenes Beispiel erfinden. Sie kommt allein wohl auch gar nicht vor, sondern sie erscheint als Reaktionsbildung oder als Verleugnung oder als Verneinung usw. Insofern ist sie in ihrer Funktion, ein unlustvolles Erleben unbewusst zu halten, an den hier aufgezählten Abwehrformen mehr oder weniger beteiligt – stärker im Falle der Verleugnung, weniger stark im Falle der Rationalisierung. Vielleicht sollte man die Verdrängung gar nicht als eigene Abwehrform betrachten, sondern als Bezeichnung für das allgemeine Schicksal des Abgewehrten: nämlich unbewusst zu werden.

Zahlreiche Autoren haben versucht, die Liste der Abwehrmechanismen zu erweitern und auszudifferenzieren. Bibring et al.[14] zählen 45 mehr oder weniger komplexe Abwehrformen, Laughlin[15] kam auf 22 „major" und 26 „minor" Abwehrmechanismen, und Vaillant[16] schlug aufgrund seiner empirischen Langzeitstudie eine Liste mit 18 Mechanismen vor. Andere, empirische Forschungsarbeiten[17] operierten mit Fragebögen der Selbst- oder auch Fremdbeurteilung und suchten die Antworten faktorenanalytisch zu gruppieren. Mehrfach ergaben sich so etwa fünf Gruppen von Abwehrmechanismen oder -stilen, unter denen sich regelmäßig die Projektion, die Wendung gegen die eigene Person und die Regression befanden.

Von Anfang an lag es nahe, die Vielfalt der Abwehrformen klinischen Bildern zuzuordnen und dadurch zu kategorisieren – genau genommen war aber die Reihenfolge umgekehrt: Zu den Charakteristika der klinischen Bilder gehörten auch die „typischen" Abwehrformen. Schon Freuds Verknüpfung bestimmter Krankheitsbilder mit den dafür typischen Abwehrmechanismen stellte einen solchen Versuch dar, der auch bis heute seine Gültigkeit behalten hat. Ehlers und Czogalik unterschieden[18] in einer empirischen Arbeit die Abwehrstile von depressiven, zwanghaften und hysterischen Charakteren, und Ehlers wies 1993 in seinen klinischen Studien nach, dass depressive im Vergleich zu hysterischen Charakteren signifikant stärker zur Wen-

---
14   Bibring GL, Dywer TF, Huntington DS, Valenstein AF (1961)
15   Laughlin HP (1970)
16   Vaillant GE (1971)
17   Übersicht bei Ehlers (2008)
18   Ehlers W, Czogalik D (1984)

dung gegen die eigene Person neigen, während Zwanghafte deutlich häufiger solche Abwehrformen entwickelt haben, mit denen sie eigene Triebimpulse unbewusst machen, wie z. B. durch das Ungeschehenmachen und die Reaktionsbildung.

Man sollte vielleicht gar nicht erst den Versuch unternehmen, eine abschließende Liste aller möglichen Abwehrformen zu suchen. Dabei würde sich jedenfalls zeigen, dass es sich hierbei um eine sehr heterogene Gruppe handelte, deren theoretische Grundlegung, wie auch schon Hoffmann[19] in seiner sehr gründlichen Untersuchung fand, dringend einer Revision bedürfte.

Abwehr auf der Zeitachse

Anna Freud[20] wies mit Nachdruck darauf hin, dass Abwehrmechanismen an sich kein pathologisches Merkmal seien, sondern durchaus auch bei gesunden Personen vorkämen. Außerdem ordnete sie die Abwehrmechanismen auf einer Zeitachse der Entwicklungsstufen an und beschrieb, unter welchen Voraussetzungen eine Abwehrform überhaupt möglich ist. Mit ihr und aufgrund des Beitrages von Ehlers[21] können wir unterscheiden:

- Projektion und Introjektion setzen voraus, dass das Kind schon zwischen Selbst und Objekt unterscheidet.
- Verkehrung ins Gegenteil und die Wendung gegen die eigene Person setzen voraus, dass das Kind einen Konflikt zwischen einem Triebimpuls und einem Verbot erlebt und
- Sublimierung ist erst möglich, wenn das Kind/der Jugendliche sich mit den sozialen Normen seiner Kultur identifiziert.

Diese Anordnung entlang einer Zeitachse erfuhr eine Ausdifferenzierung insbesondere im Hinblick auf die frühe Entwicklung. Strittig ist seither die Frage, ob Abwehrmechanismen ein funktionsfähiges Ich und die Entwicklung einer symbolisch-repräsentativen Innenwelt des Kleinkindes voraussetzen oder ob schon der Säugling in der frühesten Entwicklungsphase Abwehrmaßnahmen einsetzt, um z. B. Enttäu-

---

19 Hoffmann SO (1987)
20 Freud A (1936)
21 Ehlers W (2008)

schungen über eine unempathische Mutter zu verarbeiten, wie z. B. Lichtenberg[22] meint. Man sollte in diesen Fällen aber von neurophysiologisch gesteuerten Vorläufern der Abwehrmechanismen sprechen, auch wenn deren Ergebnisse wie z. B. die „Verleugnung" von Angstzuständen oder eine Wut in Begriffen der symbolisierten Welt gefasst werden.

Auch der Abwehrmechanismus der Projektion setzt voraus, dass das Kind begonnen hat, Selbst- und Objektrepräsentanzen zu differenzieren. Wenn man allerdings wie Melanie Klein die Auffassung vertritt, dass Säuglinge schon von Anfang an über ein funktionsfähiges Ich verfügen, lassen sich z. B. auch projektive Identifikationen beschreiben, wie sie für die paranoid-schizoide Entwicklungsstufe typisch sein sollen. Empirische Belege für diese Auffassung beizubringen dürfte schwierig sein, aber in der Behandlung von Persönlichkeitsstörungen und Psychosen haben sie sich offenkundig bewährt, wie z. B. Kernberg[23] glaubt.

Wir sollten uns aber davor hüten, den Begriff der Abwehr allzu weit auszudehnen und jede Form der Bewältigung innerer, belastender Situationen einzubeziehen. Zur Seite der bewussten Bewältigungsformen hin gibt es doch eine hinreichend gut erkennbare Grenze zu den Coping-Mechanismen, denen allesamt das entscheidende Merkmal der Abwehrmechanismen fehlt: Dass Bewusstes unbewusst gemacht oder gehalten werden soll. Auch wenn diese Grenze fließend sein mag und Abwehr- und Coping-Mechanismen eine Reihe von Gemeinsamkeiten erkennen lassen[24], hat sich die Trennung von Abwehr und Coping durchaus bewährt[25].

Zur Seite der frühen oder Vorformen der Abwehrmechanismen hin sollte, so möchte ich vorschlagen, ebenfalls eine Grenze gezogen werden. Es empfiehlt sich doch, ein funktionsfähiges Ich als den Organisator der Abwehr vorauszusetzen und all die Formen der sehr frühen, auch neurophysiologisch gesteuerten Bewältigung belastender Lebensereignisse nicht auch unter den Abwehrbegriff zu fassen. Denn bei diesen geht es ja nicht um den Ausschluss eines Erlebnisses aus der symbolisch repräsentierten Welt, sondern um Affektregulierung und um den Aufbau eines episodischen (oder autobiografischen) Gedächtnisses, in das die sensomotorisch-affektiven, also körperlichen („embodied") Erfahrungen eingehen.

---

22   Lichtenberg J (1991)
23   Kernberg O (1981)
24   Kächele H, Steffens W (1988)
25   Tschuschke et al. (2002)

2. Vorlesung: Theorie und Systematik

Sollte der Abwehrbegriff all diese frühen Bewältigungsformen einschließen, dann müsste man auch auf Freuds Auffassung über die frühe Ich-Entwicklung zurückgreifen. Wie er 1923 schrieb, ist der „Charakter des Ich ein Niederschlag der aufgegebenen Objektbesetzungen"[26]. Es handele sich, schrieb Freud, um sehr frühe Identifizierungen, die denen im Falle einer Melancholie ähnlich sind: Ein „aufgegebenes" Objekt wird im Ich „errichtet", das ist zweifellos eine Form der Bewältigung und vielleicht auch der Selbsttröstung. Weitet man diesen Gedanken aus, kommt man rasch zu der Hypothese, dass überhaupt erst die Verlusterfahrung das Subjekt zur Symbolisierung zwingt: Nicht die Erfahrung „Da ist Milch!" ermöglicht dann die symbolische Repräsentation der mütterlichen Brust, sondern erst die bittere Enttäuschung „Da ist keine Milch!" erzwingt die Symbolisierung. Hier erscheint die pessimistische Vorstellung der Freud'schen Psychoanalyse, dass es vor allem der Mangel ist, der menschliche Entwicklung vorantreibt – nicht die Befriedigung. Steht also am Anfang des menschlichen Lebens wirklich die „primäre Liebe" oder nicht doch die „primär traumatisierende Welterfahrung", wie Frommer und Tress (1998) argwöhnen?

Die Entwicklung der Abwehrmechanismen im Verlaufe einer gesunden psychischen Entwicklung könnte man als schrittweise Überschichtung früher Abwehrformen (wie der Projektion) durch reifere (wie der Reaktionsbildung) beschreiben. Es ist aber oft zu beobachten, dass Menschen auf frühere Abwehrformen zurückgreifen, wenn sie in großer Angst sind und sich überfordert fühlen. Traumatische Situationen lassen sich eben nicht per Reaktionsbildung bewältigen und schon gar nicht sublimieren. Sie verlangen radikale, „primitivere" Abwehrformen, um das psychische Überleben zu sichern.

Derart erzwungene Rückgriffe auf frühe Abwehrmechanismen bilden aber die Ausnahme, die die Regel bestätigen, dass eine normale psychische Entwicklung einhergeht mit einer wachsenden Differenzierung der Abwehrformen. Insofern lassen sich Abwehrmethoden auch unter dem Gesichtspunkt beurteilen, inwieweit sie altersadäquat sind. Können z. B. Projektionen im frühen Kindesalter als angemessen gelten, sollten sie bei einem Erwachsenen als „unreif" eingestuft werden. Schließlich lassen sich auch die Anlässe für Abwehroperationen unter entwicklungspsychologischer Perspektive in einer Zeitreihe anordnen: Muss ein dreijähriges Kind seine Verlassenheitsangst bewältigen, steht das sechsjährige vielleicht vor der schwierigen Aufgabe,

---

26 Freud S (1923), S. 257

Schuldgefühle angesichts seines Neides auf seine Schwester zu verarbeiten. Die Zwölfjährige mit hochentwickelten reflexiven Fähigkeiten hingegen muss ihre Schamgefühle darüber in Schach halten, dass sie in vieler Hinsicht ihrem eigenen Ich-Ideal nicht entspricht.

Die „Reife" einer Abwehrform orientiert sich also zunächst an dem Maßstab der Altersangemessenheit. Häufiger aber wird die Reife oder Unreife einer Abwehrform unter der Frage beurteilt, inwieweit sie zu einer Verkennung oder Verzerrung der Realität führt, wieweit sie neue Erfahrungen verhindert und ob sie der Selbstreflexion zugänglich sein kann. Wenn man unter diesen Gesichtspunkten eine Hierarchie der Abwehrmechanismen bildet, zeigt sich eine Reihenfolge ähnlich – aber nicht identisch – derjenigen, die auch in Anlehnung an die psychische Entwicklung entstand. Beispielhaft hierzu sind die Vorschläge von Vaillant[27] und von Ehlers[28], aus dessen Gruppierungsversuch hier zitiert werden soll:

- *Psychotische Abwehr*, z. B. Illusionäre Projektion,
- *Unreife Abwehr*, z. B. Neurotische Projektion, Dissoziation, Verleugnung,
- *Neurotische Abwehr*, z. B. Verdrängung, Verschiebung, Reaktionsbildung, Intellektualisierung, Rationalisierung,
- *Reife Abwehr*, z. B. Altruismus, Sublimierung, Humor.

Auch hierzu einige Beispiele zur Illustration.

Zunächst ein Beispiel für eine *psychotische Abwehr*: Eine Patientin sagte in der ersten Stunde nach meinem Urlaub in durchaus freundlichem Ton, dass sie mir ja nichts erzählen müsse, da ich ja sowieso alles wisse. Ich hätte sie ja durch Mikrofone und über das Telefon überwacht. Ich vermutete, dass sie sich in der Zeit meiner Abwesenheit verlassen und sehr geängstigt gefühlt hatte und dass sie sich mit der Phantasie, ich würde sie überwachen, selbst helfen wollte. Denn so war ich wenigstens in der Illusion ganz bei ihr, in gewissem Sinne sogar anwesend. Ich sagte ihr, was ich vermutete, sie schwieg eine Weile, aber dann änderte sie ihre Übertragung in erfreulicher Weise: Die Patientin erschien weniger paranoid und erzählte, wie es ihr in meinen Ferien ergangen war.

Ein Beispiel für eine *unreife Abwehr*: Eine Patientin mit einer Borderline-Persönlichkeitsstörung berichtete zu Beginn unserer gemeinsamen Arbeit, dass sie in einer überaus harmonischen Ehe lebe. Sie habe einen idealen Partner gefunden, der seit langem in jeder Hinsicht

---

27 Vaillant GE (1992)
28 Ehlers W (2008), S. 16 f

ihr Vorbild sei, und: „Ich kann mir nicht vorstellen, dass ich irgendetwas besser kann als er". Im Verlaufe der ersten Behandlungsmonate stellte sich dann heraus, dass ihr Ehemann sie immer wieder mit anderen Frauen betrog. Sie wusste das, nahm seine Untreue aber nicht ernst, weil sie sich sicher war: „Das hat nichts zu bedeuten, denn nichts kann wirklich zwischen uns treten." Selbst als der Ehemann eine seiner Geliebten mit nach Hause brachte, verleugnete sie das Ausmaß dieser Zumutung. Eines Morgens dann brach ihre Abwehr zusammen: Eine junge Frau kam aus dem Schlafzimmer (sie selbst hatte in ihrem Arbeitszimmer übernachtet) und verlangte schlaftrunken und halbnackt die Morgenzeitung. In diesem Augenblick geriet die Patientin in eine ungeheure Wut, sie warf die Frau samt Ehemann aus der Wohnung und trennte sich sehr rasch von ihm. In der Analyse erlebte sie nachfolgend ihre fast unbeherrschbare Verlassenheitsangst, die sie über viele Jahre hinweg mit Hilfe ihrer Verleugnung aller Getrenntheit abgewehrt hatte.

Ein Beispiel für eine *neurotische Abwehr*: Ein junger Student behauptete im Rahmen eines Seminars „Kollusionen in Zweier-Beziehungen", dass es ihm gelungen sei, die Trennung von seiner Freundin ohne jeden psychischen Schmerz zu verarbeiten. Gedrängt von den neugierig gewordenen Kommilitonen erklärte er: „Dass meine Freundin mich verlassen hat, beweist, was für ein schlechter Mensch sie ist. Darum muss ich ihr wirklich nicht nachtrauern, sondern kann eigentlich froh sein, dass ich sie los bin." Die Seminarteilnehmer, das ist wohl nicht überraschend, fanden seine rationalisierende und intellektualisierende Abwehr nicht ganz überzeugend.

Eine *reife Abwehr* wäre etwa im Falle des Kinokassen-Beispiels die folgende Variante: Die letzte Karte geht an den unmittelbar vor uns Stehenden. Darüber könnte man lachen und finden, dass man wenigstens auf diese Weise mal etwas Besonderes sein konnte: Der erste, der keine Karte mehr bekommt!

Diese Beispiele sollen auch noch einmal illustrieren, dass wir unsere Abwehr nicht erst dann brauchen, wenn wir außergewöhnliche innere Konflikte zu bewältigen haben, im Gegenteil: Wir brauchen sie, um alltäglich auftretende Unlust- und Angstgefühle zu meistern. Und wenn wir in diese Richtung weiterdenken: Vielleicht dient die Abwehr überhaupt „nicht nur der Vermeidung von Unlust, sondern auch gezielt zur Verbesserung des Selbstbildes" wie Hoffmann[29] meint. In diesem Falle läge das Ziel der Abwehr weniger oder zumin-

---

29 Hoffmann SO (1987) S. 37

dest nicht ausschließlich darin, Ängstigendes und Unlustvolles intrapsychisch abzuwenden, sondern auch darin, ein befriedigendes Selbstgefühl zu erreichen und stabil zu halten. Zweifellos sind es insbesondere die reiferen Abwehrmechanismen wie Humor oder Sublimierung, die das Selbstbild verbessern und mit denen wir uns belohnen. Zumindest diese reiferen Formen der Abwehr können wir offenbar zusätzlich libidinös besetzen. Anders ließe sich ja auch nicht erklären, warum wir gelernt haben, hungrig im Restaurant am Tisch zu sitzen, lange auf das Essen zu warten und dann dieses Warten selbst noch zu genießen. In einem solchen Falle ist es also nicht nur gelungen, den Wunsch nach sofortiger Befriedigung (und die Gier und den Neid, dass andere schon zu essen haben) abzuwehren, sondern das Resultat dieser Abwehr auch noch positiv zu erleben. Darin läge das Geheimnis jeder Vorfreude: Glücklich darüber zu sein, dass wir auf ein erfreuliches Ereignis warten können.

Die Anordnung der Abwehrmethoden nach ihrer „Güte" oder „Reife" verführt vielleicht dazu, den abwehrbetonten Patienten für den gesünderen zu halten. Aber schon Anna Freud[30] hatte darauf hingewiesen, dass eine zu intensive, dem Anlass unangemessene und zeitlich andauernde Abwehr ungesund sei. Viele psychisch Kranke fallen auf durch ihre überstarke, vielleicht sogar rigide Abwehr; sie fürchten sich zu sehr vor ihren eigenen Triebimpulsen. Unsere therapeutische Arbeit ermutigt sie, „triebfreundlicher" zu werden und nicht nur ihre Abwehr, sondern auch das Abgewehrte lieben zu lernen. Das ist ein langwieriger Veränderungsprozess, der mit großer Geduld begleitet werden muss. Dazu in den nächsten Kapiteln mehr.

Die Klassifikation der Abwehrmechanismen nach Unreife/Reife wollen wir auch aus einer gesellschaftskritischen Perspektive in Frage stellen. In ihr steckt möglicherweise eine mittelschichtorientierte und vor allem für westliche Zivilisationen typische Norm einer Persönlichkeit mit tiefgestaffelter Selbstkontrolle, die gelernt hat, sozial unerwünschte Affekte nicht nur abzuwehren, sondern sogar die Abwehr selbst noch zu lieben. Zweifellos ist das Ausmaß der Abwehrleistungen, die im Verlaufe einer Sozialisation gefordert werden müssen, in den letzten 30 Generationen[31] sehr stark und zunehmend angewachsen, und der Gedanke liegt nahe, dass dieses Ausmaß an Selbstdomestikation immer weniger in einem akzeptablen Verhältnis zu dem Glücksversprechen einer Gesellschaft steht. Darin liegt, so schrieb

---

30 Freud A (1968)
31 Man muss sich vielleicht klarmachen: Wenn wir 30 Generationen zurückrechnen, befinden wir uns im Hochmittelalter!

2. Vorlesung: Theorie und Systematik

schon Herbert Marcuse im Jahre 1955, ein Motiv des Aufbegehrens der Menschen gegen das Übermaß an Selbstkontrolle: „Die dauernden Einschränkungen des Eros schwächen schließlich den Lebenstrieb und setzen damit eben jene Kräfte in verstärktem Maße frei, gegen die sie ‚aufgerufen' worden waren – die Kräfte der Zerstörung"[32].

In einem späteren Kapitel werde ich auf diese Dialektik zurückkommen: „Die Notwendigkeit der Triebhemmung und -einschränkung (hängt) mit der Notwendigkeit mühseliger Arbeit und Verschiebung der Befriedigung zusammen"[33], diese ermöglicht erst die Arbeit und überhaupt den zivilisatorischen Gewinn. Andererseits entfremdet diese Einschränkung den Menschen von sich selbst und wendet sich gegen ihn, führt zu seinem „Unbehagen in der Kultur"[34], „denn jeder Triebverzicht wird [...] eine dynamische Quelle des Gewissens, jeder neue Verzicht steigert dessen Strenge und Intoleranz [...] jedes Stück Aggression, dessen Befriedigung wir unterlassen, (wird) vom Über-Ich übernommen und (steigert) dessen Aggression (gegen das Ich)"[35].

---

32 Marcuse H (1955), S. 48
33 ebenda, S. 90
34 Freud S (1930)
35 ebenda, S. 169 f

3. Vorlesung
Das Ich im „Abwehrkampf" als Verlierer und als Sieger

Den *„Verlierer" im Abwehrkampf* haben wir rasch identifiziert: Es ist die in ihrem Erleben und Handeln eingeschränkt wirkende Persönlichkeit, im ärgsten Falle von Stereotypen und Wiederholungszwängen geprägt, jedenfalls sehr weit entfernt vom Ideal einer Arbeits-, Liebes- und Genussfähigkeit. In den leicht zu durchschauenden Fällen verrät sich das Abgewehrte in „lärmenden" und sprechenden Symptomen, wie etwa in folgendem Beispiel:

Eine junge Frau wurde wegen ihrer ausgeprägten Agoraphobie in eine psychotherapeutische Klinik eingewiesen. Ihr wesentlichstes Symptom ließ sich leicht eingrenzen: Sie erlitt regelmäßig einen Angstanfall, wenn sie ohne ihren Ehemann das Haus verlassen wollte. In seiner Begleitung hingegen war sie nahezu symptomfrei. Gemeinsam verstanden wir ihr Symptom als Weigerung, „ins Freie zu treten" und suchten nach biografischen Kontexten, um seinen Sinn zu entschlüsseln. Es stellte sich heraus, dass die Patientin allein mit einer Mutter aufgewachsen war, die sie offenkundig als ihr geliebtes, aber auch notwendiges Selbstobjekt behandelte. Eigentlich ein sehr expansives Mädchen (als Schulkind lief sie begeistert Rollschuh und lernte schon früh, Fahrrad zu fahren), klammerte sie sich ihrerseits an die Mutter. Als junge Erwachsene verließ nur unter großen Qualen das Haus, um sich einem Manne anzuschließen, der selbst wiederum sehr trennungsängstlich war. Erst spät entwickelte sie den Wunsch, einen Führerschein zu machen, aber am Tage der Führerscheinprüfung erlitt sie auf der Schwelle ihres Hauses einen ersten Angstanfall. Unbewusst hatte sie die Chance gesehen, sich aus der Umklammerung zu befreien, war aber auch in große Angst geraten, weil sie – wiederum unbewusst – befürchtete, ihr Ehemann würde eine derartige Trennung nicht überleben, so wie sie seinerzeit befürchtet hatte, ihre Mutter würde sterben, wenn sie sie verließe, um sich anderen Menschen zuzuwenden.

Diese Patientin „verlor" im „Abwehrkampf", weil sie ihre Handlungsfreiheit aufgeben und sich gegen ihren bewussten Willen verhal-

3. Vorlesung: Das Ich im „Abwehrkampf" als Verlierer und als Sieger

ten musste. Zwar „gewann" sie zunächst auch, weil sie eine innere Gefahr zum Schweigen brachte: Dieser Gewinn wird unbewusst regelmäßig sehr hoch veranschlagt, und aus ihm speist sich später dann auch der Widerstand gegen den therapeutischen Fortschritt. Aber das Erleben des „Verlierens" ist bewusstseinsnäher und motivierte in diesem Falle die Patientin ja auch, nach einer längeren Odyssee durch vergebliche internistische und medikamentöse Behandlungsversuche eine stationäre (und im Übrigen erfolgreiche) Psychotherapie zu beginnen.

Das Ich wird im „Abwehrkampf" auch dadurch ein „Verlierer", als es mit seiner gelungenen Abwehr ein dynamisches Unbewusstes freisetzt, das zur Wiederkehr ins Bewusstsein drängt. Deswegen ist ein „Abwehrkampf" niemals siegreich beendet, sondern er verlangt fortgesetzt Wiederholungen. Solche Wiederholungszwänge prägen die Persönlichkeit mit Stereotypien und verleihen ihr eine oft unangemessen erscheinende Charakteristik.

Auch hierzu ein Fallbeispiel: In der psychoanalytischen Behandlung einer Patientin fiel mir auf, dass ich selbst sehr passiv geworden war und kaum noch mit Interventionen in Erscheinung trat. Wenn ich dann doch versuchte, mich mit einer Deutung bemerkbar zu machen, musste ich immer einen kleinen Angstaffekt überwinden, den ich zunächst nicht verstand. Als ich dann doch eine steuernde Intervention („Bitte kehren Sie noch einmal zurück zum Anfangsthema der Stunde …") versuchte, reagierte die Patientin sehr unwillig. Im Gespräch über diese Szene erklärte sie mir, dass ich mich im Wesentlichen aufs Zuhören beschränken sollte und dass es genüge, hin und wieder meinen „Senf dazuzugeben". Das Motiv für diese ausgeprägte Kontrollneigung, die ich erst nach und nach erspürt hatte, wurde erst klar, als sie erzählte, wie erfolgreich sie auch andere Menschen kontrollierte und wie unsicher sie war, wenn eine wichtige Person sich dieser Kontrolle entzog. Wenn z. B. ein Freund, mit dem sie regelmäßig Städtereisen unternahm, für ein paar Stunden eigene Wege ging, um sich anschließend wieder mit ihr zu treffen, wurde sie von der Sorge gepeinigt, dass der Freund augenblicks zum Bahnhof eilen und abreisen würde und sie sähe ihn nie wieder. Ihre Kontrolle diente also der Bewältigung ihrer Verlassenheitsangst, die immer wieder von neuem aufflackerte und immer wieder beruhigt werden musste.

Die Patientin hatte ihr Leben lang sehr erfolgreich durchgesetzt, dass sich die Personen ihres sozialen Umfeldes kontrollieren ließen, angefangen bei ihrer Mutter, der sie schon als kleines Mädchen diktierte, welche Geburtstagsgeschenke denn die richtigen wären. Die Patientin wusste recht gut, dass sie sich „wie ein Dompteur" aufführte, wie sie einmal sagte, aber ihr war nicht bewusst, dass sie mit der Kontrolle ihrer Freunde nur ihre ausgeprägte Angst, verlassen zu werden, abwehrte. In der analytischen Situation war es ihr sehr wichtig, dass ich auch gedanklich immer in ihrer Nähe war, und ein eigener Einfall oder eine Anregung von mir weckte in ihr sofort den Verdacht, dass ich gleichsam eigene Wege ging und für sie damit schon so gut wie verloren war.

Im Unterschied zu dem Beispiel von der phobischen Patientin, die dann – und nur dann – einen Angstanfall erlebte, wenn sie versuchte, „ins Freie" zu treten, gründete im letzten Beispiel der Zwang zur Wiederholung der Kontrolle in einer immer wieder aufflackernden Verlassenheitsangst, die keines äußeren Anlasses bedurfte. Eine solche permanente innere Bedrohung prägt den Charakter eines Menschen sehr, wie auch das folgende, harmlosere Beispiel zeigen soll.

Unter Sozialberuflern nicht selten ist der Typ des immer netten Menschen, der sich vor eigener Aggressivität sehr fürchtet und per Reaktionsbildung gelernt hat, aggressive Impulse dadurch abzuwehren, dass er sie durch betonte Freundlichkeit ersetzt. Je mehr er sich eigentlich ärgern könnte, desto freundlicher wird er. Außenstehenden fällt diese Stereotypie auf, weil sie sich so regelmäßig wiederholt und in vielen sozialen Situationen unangemessen wirkt. Außerdem ist auch in diesem Falle die Abwehr oft nicht vollkommen gelungen, sondern lugt hinter der Fassade hervor, z. B. dadurch, dass die Wut per Fehlleistung „zum Vorschwein kommt"[36], oder dadurch, dass die vorgetragene Freundlichkeit von anderen als unecht, als „scheißfreundlich" erlebt wird.

In diesen Fällen erscheint uns das Ich im „Abwehrkampf" als doppelter Verlierer: Es hat seine Handlungsfreiheit verloren und ein dynamisches Unbewusstes doch freigesetzt, dessen Kontrolle niemals vollständig gelingt, so dass es sich auf unangenehme Weise bemerkbar machen kann. So entstehen „sprechende" Symptome, die uns die Diagnose leicht machen können.

Auch hierzu noch einmal ein Beispiel: Eine phobische Patientin fürchtete sich vor ihren eigenen expansiven Phantasien und Wünschen und hatte insbesondere gegen alle sexuellen Impulse stabile Abwehrformen entwickelt. Sie war Mitglied in einem FKK-Club, hatte dort aber die Rolle der Kassenwartin übernommen, so dass sie z. B. bei Veranstaltungen auf dem „Gelände" ihres Clubs unbekleidet an der Kasse saß und die Einnahmen kontrollierte. Das schien mir ein sehr

---

36   Freud S (1901), S. 65

3. Vorlesung: Das Ich im „Abwehrkampf" als Verlierer und als Sieger

gelungener Kompromiss zu sein: Unter dem Deckmantel des guten Zwecks und in Durchführung einer Kontrollfunktion exhibitionistische Impulse ausleben zu können.

Ihre Neurose lag auf einem hohen Strukturniveau; daher war sie zu sehr kreativen Fehlleistungen fähig. Sie fürchtete immer, bei einem Empfang in der Firma zu stolpern und ihrem Chef den Sekt „über die Hose zu schütten." Als sie einmal von dem zurückliegenden Wochenende „auf dem Gelände" erzählte, berichtete sie, dass sie des Nachts in ihrem Wohnwagen wachgelegen habe und sagte: „Es war alles so still, nichts zu hören, außer ein paar Vögeln" (oder „ein Paar vögeln"?).

Zweifellos erscheint in der Kreation derart sprechender Fehlleistungen oder Symptome eine Ich-Leistung, die nur bei einem hohen Strukturniveau erwartet werden kann. Es mag sein, dass derartige Fälle vor 20 oder 30 Jahren häufiger vorkamen als heute; jedenfalls war es damals üblich, die Diagnose einer (neurotischen) Störung auch über die Dechiffrierung „sprechender" Symptome herzuleiten.

In der Geschichte der psychoanalytischen Methode stand die Parteinahme für den Patienten als dem „Verlierer" im Abwehrkampf immer schon ganz im Zentrum der Behandlungsziele. Schon in Freuds Studien über Hysterie[37], insbesondere in seiner Arbeit über die „Abwehr-Neuropsychosen"[38], deutet sich an, was ein Leitmotiv psychoanalytischer Behandlungen werden sollte: Dem Ich in seinen verlustreichen Kämpfen gegen die an sich lustvollen, aber vom Bewussten gefürchteten Triebimpulse beizustehen und dem Subjekt dadurch Handlungsfreiheit zurückzugeben, dass ihm das Unbewusste (teilweise) bewusst werden darf.

Hier zeigt sich sehr deutlich das aufklärerische Ideal Sigmund Freuds: Menschen herauszuführen aus der vielleicht „selbstverschuldeten Unmündigkeit" (Kant). Selbstverschuldet ist diese Unmündigkeit dann, wenn deren Ursache „nicht aus Mangel des Verstandes, sondern der Entschließung und des Mutes liegt, sich seiner ohne Leitung eines anderen zu bedienen"[39]. Insofern die Unmündigkeit nicht in einer Minderbegabung oder in vorenthaltener Bildung gründet, ist das Individuum in hohem Maße verantwortlich: Es muss sich für die Selbstbefreiung entscheiden, das erfordert Mut, Verantwortungsbereitschaft und Charakter. Die psychoanalytische Behandlungsmethode wurde bis in die Mitte des vorigen Jahrhunderts von diesem Men-

---

37 Freud S (1895)
38 Freud S (1894), S. 481
39 Kant I (1784)

schenbild geprägt. Insbesondere die Ich-Psychologie in der Tradition von Alfred Adler[40], Anna Freud[41] und Heinz Hartmann[42] verfolgte die Idee von einem potenziell handlungsfähigen Ich, das keineswegs nur hilflos eingeklemmt zwischen Es-Ansprüchen und Über-Ich Drohungen nach Abwehr-Auswegen sucht, sondern als Akteur mit Verantwortlichkeit für seine Vergangenheit und seine Zukunft angesprochen werden sollte.

Die Methoden der psychoanalytischen Behandlung zielten anfänglich ganz darauf ab, das Ich zu ermächtigen, den „Abwehrkampf" doch zu gewinnen. Dementsprechend hoch waren die Anforderungen an den Patienten. Er sollte den Mut aufbringen, sich eigenen gefürchteten Phantasien und schmerzhaften Einsichten zu stellen. Die Regel der freien Assoziation sollte ja nicht als Erlaubnis verstanden werden, endlich einmal „alles" sagen zu dürfen, sondern war als Verpflichtung gemeint, diejenigen Inhalte bewusst zu machen, die bisher dem Bewusstsein ferngehalten, also abgewehrt wurden.

Freud glaubte anfänglich noch, es könnte gelingen, alle inneren Hemmnisse zu überwinden und tatsächlich „frei" zu assoziieren. Er hatte ja zuvor mit den „aus der Hypnose entlehnten suggestiv-karthartischen Techniken"[43] gearbeitet und ließ sich, wie er selbst schreibt, von dem Ratschlag Ludwig Börnes von 1823 inspirieren, „in drei Tagen ein Originalschriftsteller zu werden" indem alles aufgeschrieben werden sollte, was einem durch den Kopf ginge. Freud drängte also seine Patienten, sich aktiv um die latent gehaltenen Phantasien, Erinnerungen und Handlungsmotive zu bemühen, die er zuweilen auch schon vor seinen Patienten „erraten" hatte. Bald jedoch verstand er, dass gerade nicht die absichtsvolle „Suche" nach dem Unbewussten zum Ziel führte und dass sich das Abgewehrte gerade dann zeigte, wenn man nicht zielstrebig nach ihm suchte. Den Gedanken von einem gänzlich aufklärbaren Unbewussten aber behielt er lange Zeit bei, bis er einsehen musste, dass sich das Unbewusste niemals vollständig ergründen lassen wird.

Auch die Abstinenzregel[44] wurde zunächst eingeführt, um den Patienten zu bewegen, sein Unbewusstes zu entdecken und preiszugeben. Sie richtete sich zu Anfang der psychoanalytischen Bewegung allein an ihn: Der Patient sollte auf Ersatzbefriedigungen verzichten, so dass

---

40 Adler A (1912)
41 Freud A (1936)
42 Hartmann H (1939)
43 Hölzer A (2008)
44 Körner J, Rosin U (1985)

seine Triebwünsche und seine inneren Konflikte in den Analysestunden an die Oberfläche drängten. Auch als die Abstinenzregel schon nach wenigen Jahren zu einer Anforderung an den Psychoanalytiker wurde, zielte sie doch weiterhin darauf ab, das Abgewehrte im Erleben des Patienten möglichst unverfälscht zum Ausdruck kommen zu lassen. Die Zurückhaltung des Analytikers sollte es nämlich ermöglichen, dass der Patient seine unbewussten Phantasien unbeeinflusst von den Lebensäußerungen seines Analytikers hervorbrächte.

Ganz ähnlich der Idee von der Objektivität in der klassischen psychologischen Testtheorie steckte in dieser Auffassung von der Abstinenzregel die Überzeugung, dass die unbewussten Beziehungsentwürfe des Patienten wie eine Verhaltenstendenz nur darauf warten, inszeniert zu werden. Und wenn man den Patienten möglichst ganz von jedem Einfluss durch den Analytiker freihält, dann wird er seine Übertragungsneigung in besonders reiner Form zum Ausdruck bringen – ebenso wie der Proband eines psychologischen Tests möglichst ohne Einfluss durch den Testanwender bleiben soll.

Die Abstinenzregel führte insbesondere in den USA unter dem Einfluss der Ich-Psychologie zu grotesk anmutenden Verhaltensweisen „schafsgesichtiger"[45] Analytiker, die sich wie „Blechaffen"[46] verhielten, um nur ja nichts von sich preiszugeben. Sie übersahen aber, dass die extreme Zurückhaltung gerade nicht „ohne Einfluss" ist, sondern dass sie sich ausgesprochen intensiv auswirkt, nämlich als ein unempathisches, abweisendes Verhalten. Ihre Wirkung auf den Patienten lässt aber erkennen, dass ihre methodische Begründung (Zurückhaltung, um die Übertragung nicht zu stören) höchstens die halbe Wahrheit gewesen war: Mit der frühzeitig auf den Analytiker als Vorschrift der Zurückhaltung umgemünzten Abstinenzregel wollten sich die Analytiker der ersten Generation nach Freud vor allem vor der Übertragung mit ihrem „Objekthunger"[47] durch ihre Patienten in Sicherheit bringen angesichts der bekannt gewordenen Fälle sexueller Übergriffe auf die überwiegend weiblichen Patienten jener Zeit.

In Deutschland leitete insbesondere Paula Heimann[48] eine Bewegung gegen die starre Anwendung der Abstinenzregel und die persekutorische Auslegung der freien Assoziation ein. Ihre Arbeiten wurden sehr einflussreich, und im Jahre 1979 konnte Johannes Cremerius der orthodoxen, ichpsychologisch orientierten Behandlungstechnik eine

---

45 Stone L (1973); S. 153 und 48
46 ebenda
47 Sterba R (1934), S. 67
48 Heimann P (1950, 1960)

3. Vorlesung: Das Ich im „Abwehrkampf" als Verlierer und als Sieger

in die Gegenrichtung ausschlagende psychoanalytische Methode gegenüberstellen. Während erstere, vor allem am ödipalen Konflikt („Kernkonflikt aller Neurosen") orientierte, „paternistische Vernunfttherapie" den Patienten auffordere, seine von ihm selbst gefürchteten inzestuösen oder aggressiven Phantasien und Wünsche zuzugeben, zeige der Analytiker der „mütterlichen Liebestherapie"[49] vor allem Verständnis für das in seiner Kindheit belastete, wenn nicht traumatisierte Subjekt. Die Frage des paternistischen Analytikers an seinen Patienten ist: „Was hast Du getan?", während der mütterliche Analytiker eher fragt: „Was hat man Dir (Du armes Kind) getan?"[50]

Damit zurück zur ursprünglichen Idee der Psychoanalytiker, die Abwehr des Patienten überwinden zu können, so dass das gefürchtete Unbewusste zur Sprache kommen könnte und der Grund für Krankheit und Symptombildung entfiele. Diese Idee von einem „idealen Sprecher" klingt – durchaus mit Bezug zur Psychoanalyse – auch in moderneren sprachphilosophischen und soziologischen[51] Untersuchungen an. Alfred Lorenzers Theorie der Desymbolisierung[52] widmet sich der gesellschaftlich bedingten Exkommunikation verpönter Bewusstseinsinhalte und ihrer Rekonstruktion im psychoanalytischen Dialog. Diese Arbeit der Re-Symbolisierung, die das Abgewehrte wieder dem Bewusstsein zugänglich machen soll, hat starke Widerstände zu überwinden, vor allem dann, wenn sich das Abgewehrte in körperlichen Symptomen manifestiert und sich dadurch dem Verständnis besonders erfolgreich entzieht. Die Analyse des Unbewussten ist daher sehr viel schwieriger als ein hermeneutischer Deutungsprozess, der zum Ziel hätte, den verborgenen Sinn eines literarischen Textes zu dechiffrieren[53]. Lorenzer[54] entwickelte in Anlehnung an Argelander[55] das Konzept des „Szenischen Verstehens", in dem Analytiker und Analysand versuchen, die von ihnen gemeinsam gestaltete Szene als Ausdruck des unbewussten Beziehungsentwurfes des Patienten und des Analytikers zu entschlüsseln. Die Aufmerksamkeit des Analytikers richtete sich dabei nicht nur auf den gesprochenen

---

49 Cremerius J (1979), S. 595
50 So auch der Titel des Buches von J. M. Masson (1984), der Freud vorwirft, den überaus häufigen Kindesmissbrauch verharmlost zu haben.
51 Habermas J (1981)
52 Lorenzer A (1970)
53 Und schon gar nicht ist er mit der Aufgabe eines Archäologen vergleichbar, der einen verborgenen Schatz oder eine banale Tonscherbe ausgräbt.
54 Lorenzer A (1974)
55 Argelander H (1970)

3. Vorlesung: Das Ich im „Abwehrkampf" als Verlierer und als Sieger

Text, sondern auch auf die Gestaltung der Situation einschließlich der im Analytiker erkennbaren Gegenübertragung oder der Abwehrbewegungen gegen sie.

Die Arbeit des Psychoanalytikers zielte also zunächst auf den „idealen Sprecher" (im Patienten), aber es ist ihm klar, dass er dieses Ideal nicht erreichen wird. Trotzdem erfüllt dieses Ideal seinen Zweck, ähnlich wie die Forderung nach freier Assoziation, die niemals eingelöst werden wird, und wie die Abstinenzregel, die nur unvollkommen eingehalten werden kann – es handelt sich um fiktive Ziele, die eine Richtung vorgeben, und die Hindernisse auf dem Weg hin zu diesen Zielen sind das Interessante: Immer wenn der Fluss der Assoziationen des Patienten stockt und immer wenn der Analytiker spürt, wie er sich gedrängt fühlt, seine Abstinenz zu verlassen, wird er aufmerksam und sucht nach den im Unbewussten liegenden Gründen.

Das Gegenmodell zum (fiktiven) idealen Sprecher wäre das Individuum, das sich nur sehr wenig seiner Handlungsmotive bewusst ist, dessen Verhalten möglicherweise von (Wiederholungs-)Zwängen oder sogar von somatischen Symptomen geprägt sein könnte. Sein Verhalten erscheint ausrechenbar, und es reagiert auf eine vorhersagbare Weise. Natürlich ist dieses Bild von einem abwehrbetonten Menschen, der von sich selbst entfremdet erscheint, weniger sympathisch als jenes vom selbst-bewussten Menschen, der zu seinen Gefühlen, Gedanken und Motiven ungehinderten Zugang findet. Die beiden Typen bilden aber nur die Extreme eines Kontinuums, auf dem wir uns alle bewegen, einmal mehr zum einen, andermal mehr zum anderen Pol hin. Anders gesagt: Wir sind sowohl diejenigen, die sich ihrer Motive und Ziele bewusst sind und danach handeln, als auch diejenigen, die sich blind und rein reaktiv verhalten. Daher ist auch die Frage, welches der beiden Menschenbilder denn zutrifft, gar nicht entscheidbar; Menschen sind das eine und das andere.

Wenn man es so sieht, dann ist auch die Frage, ob wir zur Beschreibung des Menschen eher ein verstehend-hermeneutisches oder ein erklärendes (nomologisches) Modell anwenden sollen, nicht zu beantworten. Beide Modelle sind auf die menschliche Existenz anzuwenden: Wir erklären den Menschen in seinen von Wiederholungen geprägten Verhaltensweisen, wir können diese voraussagen und kennen vielleicht sogar seine Ursachen. Aber wenn wir ihn als denjenigen vor uns haben, der sich in Abwägung seiner Motive entschieden hat zu handeln, wenn er eine soziale Situation subjektiv deutet und sich darauf einstellt, versagt das kausale Erklärungs- und Vorhersagemodell, und wir sind darauf angewiesen, uns mit ihm über seine Bewer-

3. Vorlesung: Das Ich im „Abwehrkampf" als Verlierer und als Sieger

tungen, seine Motive und Ziele zu verständigen, müssen also ins Verstehensmodell wechseln.

Abwehrprozesse entscheiden darüber, ob uns unsere eigenen Motive und Absichten zur Verfügung stehen oder nicht. Denn sie entziehen ja dem Bewussten, was unser Handeln motiviert, sie verleihen unserem Verhalten seinen repetitiven Charakter, machen uns ausrechenbar, tragen vielleicht auch dazu bei, dass wir als „Typ" erkannt und wiedererkannt werden. Abwehrprozesse bewirken also, dass sich unsere Handlungsgründe in Verhaltensursachen verwandeln. In dem Maße aber, in dem die psychoanalytische Behandlung einem Patienten zur Einsicht in seine unbewussten Motive verhilft, eröffnet sie ihm die Möglichkeit, Situationsbewertungen zu überdenken und alternative Handlungsentscheidungen zu treffen. Allgemein gesagt: Ziel der psychoanalytischen Behandlung ist es, Verhaltensursachen in Handlungsgründe zu verwandeln. Denn das ist der Unterschied: Gründe machen uns geneigt zu handeln, Ursachen zwingen uns zum Verhalten.

Bei der Gegenüberstellung von kausalem Erklärungs- und Vorhersagemodell einerseits und hermeneutischem Verstehensmodell andererseits ist vielleicht eine kleine Korrektur angebracht: Menschliches Verhalten ist – mit Ausnahme sehr weniger Fälle – niemals wirklich kausal determiniert. Zwar erscheint dem Patienten selbst eine sich immer wieder durchsetzende unbeherrschbare Angst oder ein unabweisbarer Zwangsgedanke unbeeinflussbar determiniert. Ihm ist, als zwänge ihn eine fremde Macht zu einem ihm selbst höchst unangenehmem Verhalten, und er kann sich nicht vorstellen, dass er unbewusst-absichtsvoll handelt. Aber die psychoanalytische Behandlung eröffnet in so vielen Fällen die Möglichkeit, das scheinbar erzwungene symptomatische Verhalten als absichtsvolles Handeln zu verstehen, dass das kausale Ursache-Wirkungsverhältnis nur selten zutrifft.

Weil man also auf dem Feld menschlichen Handelns oder Verhaltens kaum jemals von kausalen Ursache-Wirkungsbeziehungen sprechen kann, hat Georg Henrik von Wright[56] vorgeschlagen, in diesen Fällen von „quasi-kausalen" Zusammenhängen zu sprechen: Menschliches Verhalten erscheint vielleicht kausal determiniert, ist es aber – im Gegensatz zu natürlichen Ursachen und ihren Wirkungen – nur scheinbar, und es ist zumindest möglich, sie in ein von Gründen (nicht

---

56 Wright GH von (1974)

von Ursachen) bestimmtes Handeln zu verwandeln. Das ist das Anliegen der Psychoanalyse.

Die Einsicht, dass Menschen zuweilen wie Maschinen handeln, indem sie quasi-kausal inneren Ursachen folgen müssen, könnte auch die in jüngerer Zeit wieder aufgeflammte Diskussion über den „Freien Willen" und die Verantwortlichkeit des Menschen für sein Handeln[57] beeinflussen. Wie weit ist ein Mensch für Straftaten verantwortlich zu machen, die er aus starken Motiven beging, die ihm nicht bewusst waren und denen er demzufolge folgen „musste". Hätte er sich gegen sie entscheiden können, wo er sie doch gar nicht kannte? Stand es ihm wirklich frei, anders zu handeln, als er es tat? Ist er, psychoanalytisch gesprochen, für seine Abwehr verantwortlich, die ihm den Einblick in die Motive seiner Tat versperrte? Glücklicherweise haben Psychoanalytiker selten solche Fragen zu beantworten. Denn ihnen erscheint die Straftat im Rückblick zumeist ganz plausibel, und sie können keine innere Instanz erkennen, die dem scheinbar zwangsläufigen Ablauf der Ereignisse eine Wendung hätte geben können.

Darum mag es sinnvoller sein, den Begriff des „Freien Willens" nicht retrospektiv, sondern prospektiv anzuwenden. Dann steht nicht mehr in Frage, ob eine Person in einem bestimmten Augenblick anders hätte handeln können, als sie es tat, sondern es geht darum, inwieweit sie sich jetzt oder in Zukunft ihrer Motive klarwerden will. Auch diese Haltung liegt durchaus in der Tradition der frühen Psychoanalytischen Bewegung: dass einem Subjekt Handlungsfreiheit und damit auch die Verantwortung für sein Handeln zugemutet werden soll.

Das Ich als Gewinner im „Abwehrkampf"

Das Ich als Gewinner im Abwehrkampf ist weniger leicht zu identifizieren als sein Schicksal als Verlierer. Denn unserem Alltagsverständnis, das die Bewusstheit einer freien Willensentscheidung sehr schätzt, ist der Gedanke fremd, dass uns die Abwehr, die „hinter unserem Rücken" unbekannte Absichten durchsetzt, sogar zum Gewinner machen könnte.

Verlierer sind wir ganz sicher dann, wenn wir primitivere und radikalere Abwehrmethoden anwenden, also z. B. mit einer Verleug-

---

[57] Pauen M, Roth G (2008), Bieri P (2001)

nung eine Phantasie oder ein Motiv restlos aus dem Bewusstsein entfernen und diese Verleugnung womöglich noch zusätzlich mit einer Reaktionsbildung, also einer Verkehrung ins Gegenteil, unkenntlich machen. Eine gelungene Rationalisierung hingegen verbirgt den verpönten oder gefürchteten Inhalt, z. B. ein sexuelles Motiv, gar nicht vollständig, sondern macht es dadurch akzeptabel, dass sie es mit einem unverdächtigen Motiv ausstattet. Man kann z. B. die berufliche Aufgabe übernehmen, jugendgefährdende Szenen in Spielfilmen aufzuspüren, um das minderjährige Publikum vor obszönen Darstellungen zu bewahren. Wer dieser Pflicht mit Lüsternheit nachkommt, könnte sein sexuelles Interesse mit einer naheliegenden Rationalisierung vor sich selbst verbergen.

Ein Beispiel: Psychotherapeuten, die mit ihren Patientinnen sexuelle Beziehungen eingehen, rationalisieren ihre Motive nicht selten mit der Begründung, sie hätten ihrer Patientin doch nur helfen wollen, ihre sexuelle Gehemmtheit zu überwinden, und überdies habe ihr diese sexuelle Erfahrung nicht geschadet, denn sie sei freier im Umgang mit Männern geworden. Wir wissen zumeist nicht, ob die Behauptung vom positiven Effekt wahr ist oder nicht, es spielt für die moralische Bewertung des Verhaltens auch keine Rolle. Aber man kann an diesem Beispiel auch lernen, dass eine „gute" Rationalisierung umso wirksamer sein könnte, je mehr sie sich auf (vermeintliche) Tatsachen beruft.

In der psychotherapeutischen Praxis sind wir oft in der Gefahr, mit zweifelhaften Motiven unsere Abstinenz zu verletzen. Wenn z. B. ein Patient oder eine Patientin über ein sexuelles Erlebnis berichtet und dabei etwas lückenhaft bleibt, müssen wir uns entscheiden, ob wir darum bitten, ausführlicher und konkreter zu erzählen. In solch einem Fall prüfen wir unsere Motive: Ist es für die Behandlung wirklich wichtig, dass wir die Details erfahren? Sind wir nicht einfach neugierig auf die erotischen Einzelheiten? Ich nehme an, dass viele Psychotherapeuten in solchen Fällen eher dazu neigen, nicht nachzufragen, weil sie Angst haben, in den Verdacht der Lüsternheit zu geraten. Und selbstverständlich kann man auch seine Angst vor solch einem Verdacht durch eine Rationalisierung bewältigen: „Ich möchte die Patientin ja nicht in eine peinliche Lage bringen".

Rationalisierungen können einem Motiv vorangehen oder der Handlung folgen. In jedem Falle aber zielen sie darauf, das innerpsychische Geschehen oder die Handlung selbst nicht unkenntlich zu machen, sondern in akzeptable Kontexte zu stellen. Der „Gewinn" für den Handelnden liegt darin, dass er seine Phantasien oder Handlungsimpulse nicht unterdrückt, sondern mit gutem Gewissen ausle-

3. Vorlesung: Das Ich im „Abwehrkampf" als Verlierer und als Sieger

ben kann. Insofern ist der Erfinder einer gelungenen Rationalisierung also durchaus ein Gewinner.

Schließlich: Zweifellos setzen Rationalisierungen ein Über-Ich voraus, wie Hirschmüller[58] meint. Schon deswegen gehören sie also zu den reiferen Abwehrformen. Vielleicht kann man sie sogar sekundär positiv besetzen, sich also an einer gelungenen Rationalisierung nachträglich erfreuen.

Wenn man die Abwehrmechanismen nach ihrer „Reife" anordnet, steht die Sublimierung bei den meisten Autoren (z. B. bei Anna Freud schon) ganz weit oben[59]. Auch die Sublimierung setzt ein gut entwickeltes Über-Ich und ein Ich-Ideal voraus, auch sie verzichtet darauf, die verpönten, gefürchteten Inhalte ganz aus dem Bewusstsein auszuschließen. Allerdings ändert sie das Triebziel, wie Freud 1905[60] schon schrieb. Er rechnete sie daher zu den Triebschicksalen: Es ist „die Ablenkung sexueller Triebkräfte von sexuellen Zielen und Hinlenkung auf neue Ziele"[61].

Die Abwehrform der Sublimierung stellen wir uns vor allem als eine langsame und dauerhafte Umgestaltung der psychischen Organisation vor. Dadurch unterscheidet sie sich von anderen Abwehrformen, z. B. von der Verleugnung oder Rationalisierung, die auf eine bedrohliche innere Situation rasch reagieren und leicht wieder korrigiert werden können. Deswegen werden Sublimierungsprozesse in Fallschilderungen psychoanalytischer Behandlungen nur selten erwähnt, obwohl sie durchaus das Ziel länger dauernder Behandlungen sein dürften. Z. B. könnte ein Patient lernen, eigene aggressive Impulse, die ihn in sozialen Situationen immer wieder ins Unrecht setzen, dadurch zu sublimieren, dass er ihnen eine sozial angemessene Form gibt, die seinen Zielen viel zuträglicher sein könnte. So lernte ein Jugendlicher, der wegen seiner ungezügelten reaktiven Aggressivität mehrfach vor Gericht gestanden hatte, sublimere Ausdrucksformen seiner Wut zu finden, in dem er z. B. einen vermeintlichen Aggressor „nur" wüst beschimpfte, anstatt ihn körperlich anzugreifen. Damit war er durchaus erfolgreich, denn seine Freundin und die umstehenden peers waren begeistert über die „treffenden" Worte, die er gefunden hatte.

---

58 Hirschmüller A (2008)
59 Man kann durchaus auch erwägen, sie gar nicht zu den Abwehrmechanismen zu zählen, wie dies Hoffmann und Hochapfel (1999, S. 65) vorschlagen.
60 Freud S (1905)
61 Freud S (1905), S. 79

Ein anderes Beispiel handelt von einer Patientin, die sich in ihren Analytiker verliebt hatte. Sie idealisierte ihren Analytiker ähnlich wie sie ihren Vater, der die Familie früh verlassen hatte, idealisiert hatte. Lange Zeit hatte sie sich gegen ihre Gefühle gewehrt, aber dann doch den Mut gefunden, ihre Liebe einzugestehen. Der Analytiker ging sehr verständnisvoll mit ihr um, widerstand aber der Versuchung, ihr wenigstens in Worten entgegenzukommen[62]. Die Patientin geriet zunehmend in eine Enttäuschtheitsstimmung, machte ihrem Analytiker Vorwürfe, dass er ja „nicht einmal mir ihr einen Kaffee trinken" ginge und beklagte sich, dass sie auf ihren Gefühlen sitzengelassen werde und dass sie nicht wisse, „wozu das gut sein soll".

Für den Umgang mit einer solchen schwierigen Situation gibt es keine allgemein gültigen methodischen Regeln. Sicher ist, man darf den Gefühlen dieser Patienten nicht den Charakter einer echter Empfindung absprechen oder gar versuchen, die idealisierende Übertragung als „falsche Verknüpfung" zu deuten und sie damit abzuweisen. Selbstverständlich sind auch alle Versuche auszuschließen, die Übertragung mit Hinweisen auf die Realität zu dämpfen: „Ich bin doch viel zu alt für Sie" oder, nach dem Vorschlag eines jungen Kollegen: „Sie wissen doch, dass das nicht geht, außerdem sind Sie nicht mein Typ".

In dem erwähnten Fallbeispiel ermunterte der Analytiker seine Patientin durchaus, ihren Phantasien nachzugehen. Sie schilderte ihre Gefühle und ihre Wünsche, und der Analytiker kommentierte ihre Schilderungen etwa mit den folgenden Worten: „Ich fühle mich von Ihren Worten sehr angesprochen und empfinde Ihre Schilderungen wie ein wertvolles Geschenk". Die Patientin fühlte sich bei allem Schmerz von ihrem Analytiker in ihrem Begehren und ihrer Sehnsucht wenigstens ernst genommen, und sie überwand in den darauffolgenden Wochen schrittweise ihre große Enttäuschung. Sie verwandelte ihre erotischen Wünsche in das Verlangen, liebevoll gesehen und – auch als begehrenswerte Frau – anerkannt zu werden.

Übertragungsbeziehungen sind in der Regel intensiv, ganz gleich in welcher emotionalen Tönung. Ich vermute, dass auch eine längere und intensive Zeit des Durcharbeitens einer Übertragung niemals den Charakter einer ganz besonderen Beziehung nehmen kann. Ich glaube daher auch nicht, dass sich eine Übertragungsbeziehung in eine

---

62 Ein derartiges Entgegenkommen wurde mir von einem jungen Kollegen in der Supervision berichtet, der auf die Frage einer verführerischen Patientin: „Lieben Sie mich?" antwortete: „Darauf gebe ich Ihnen keine Antwort, außerdem wissen Sie es längst".

Alltagsbeziehung vom Typ einer guten Bekanntschaft verwandeln lässt. Der ganz besondere Beziehungsentwurf, der sie in der Zeit der Analyse prägt, geht niemals ganz verloren, aber seine „Triebschicksale" wandeln sich: Aus Verliebtheit wird vielleicht Wertschätzung, aus Bewunderung mag Achtung werden, und Neid könnte sich in die erträgliche Einsicht verwandeln, selbst so nicht werden zu können, wie der Analytiker es zu sein scheint. Kurzum: Die Übertragung wird sublimiert.

Der Begriff der Sublimierung findet außerhalb therapeutischer Prozesse sehr viel häufiger eine Anwendung als in kasuistischen Falldarstellungen. Man kann nämlich die Bedeutung der Sublimierung auf die Persönlichkeitsentwicklung und auf die Entwicklung der menschlichen Kulturen kaum hoch genug einschätzen[63].

Auch hierzu ein Beispiel: Die Entwicklung der „Tischsitten" im Kindesalter. Gute Tischmanieren werden – wie viele andere „Sekundärtugenden" – dem Kind in einem langwierigen Erziehungsprozess anerzogen. In unendlichen vielen Schritten lernt das Kind, seinen Hunger zu ertragen, also auf die Forderung zu verzichten, jetzt und vollständig (orale) Befriedigung zu erfahren, auch den Impuls zu bekämpfen, seinem Geschwister das größere Stück wegzunehmen. Es gewöhnt sich an, das Besteck ordentlich zu benutzen, dabei unbequem gerade zu sitzen, den Ellbogen nicht auf den Tisch zu stützen, das Essen nicht durcheinander zu mengen („weil ja sowieso alles in einen Magen kommt"), überhaupt auch nicht mit dem Essen zu spielen, nicht mit vollem Munde zu sprechen und beim Kauen den Mund zu schließen, ferner das Essen zum Munde zu führen (und nicht umgekehrt), die Speisen in kleine Portionen zu teilen, beim Trinken nicht zu schlürfen, mit der Serviette nicht die Nase zu putzen und vieles mehr. Wenn das alles erreicht ist: Was ist aus dem primären Triebziel, der sofortigen oralen Triebbefriedigung geworden? Was ist übrig geblieben von der Gier, der Ungeduld, dem Neid auf den vollen Teller beim Nachbarn? Ein Hauch nur noch von Oralität ist erkennbar, und doch ist die verbliebene Befriedigung des ursprünglichen, im weiteren Sinne sexuellen Triebwunsches noch intensiv genug, dass sich der riesigen Aufwand seiner vielfachen Zurichtung und Zuschnitzung doch noch zu lohnen scheint.

Stellen wir uns kurz die Tischsitten in unserer Hochkultur vor, beim gemeinsamen Essen in einem guten Restaurant: Zunächst, vor allem

---

[63] Vielleicht liegt in der Sublimierung sogar einer derjenigen Kompetenzen, die den Menschen heraushob aus der Reihe der Tiere.

und immer wieder das Warten. Der Hunger pocht, womöglich durch einen winzigen „Gruß aus der Küche" noch gesteigert, aber alle müssen sich erst entscheiden, müssen überlegen, miteinander und dem Fachpersonal diskutieren und die Dinge durch Sonderwünsche womöglich noch weiter verzögern. Das Warten auf das eigentliche Essen dann kann wiederum sehr lange dauern, weil sicher wieder eines der bestellten Gerichte einen besonders langwierigen Herstellungsprozess durchlaufen muss. Dann endlich naht die Erfüllung, und das Warten hat sich gelohnt.

Dass wir solche Rituale genießen können, ist keineswegs selbstverständlich. Dass wir uns an dem Arrangement des gedeckten Tisches, dem Porzellan, dem Besteck, den Blumen, der Musik im Hintergrund, an der Höflichkeit der Bedienung erfreuen, ist das erstaunliche Ergebnis eines überaus langen Lernprozesses – aber das Erstaunlichste ist vielleicht, dass wir das Warten selbst noch genießen. Ganz offenbar haben wir nicht nur den Aufschub unserer drängenden Triebwünsche gelernt, wir haben auch gelernt, diesen Aufschub sogar noch zu lieben!

Angesichts dieser hoch gespannten Sublimierungsleistungen drängt sich die Frage auf, welche Motive einen derartigen Selbstzwang bewirken könnten. Gewiss ist es nicht nur die Angst vor Strafe, die das Kind zu Wohlverhalten und auch zu ersten Abwehrleistungen bewegt, sondern die drohende Beschämung vor anderen und zunehmend auch vor sich selbst zwingt das Kind, schon den Wunsch (und nicht erst die Tat!) nach ungehemmtem Benehmen bei Tisch in sich zu verbergen und allenfalls sublimiert zur Geltung zu bringen. Die Erziehung des Kindes beginnt also gar nicht mit der Einübung der sublimierten Verhaltensweisen, sondern mit der Sensibilisierung des Schamgefühls und des Peinlichkeitsempfindens, welche erst die Motive bereitstellen, unerwünschte Absichten und Handlungen abzuwehren und damit nachhaltig zu unterbinden.

Norbert Elias hat schon 1939 in seinem epochalen Werk „Der Prozess der Zivilisation" beschrieben, wie die Menschen des späten Mittelalters und der frühen Renaissance begannen, ihr Verhalten in der Öffentlichkeit zu kontrollieren, z. B. ihre Nacktheit und ihre Körperfunktionen zu verbergen und Tischsitten einzuführen. Diese Veränderungen nahmen an den adligen Höfen ihren Anfang, aber das aufstrebende Bürgertum des 16. Jahrhunderts machte sich deren Tischmanieren zu eigen. Von dort wanderten die neuen Sitten in die breiteren Schichten. Der Gebrauch der Gabel z. B. bürgerte sich erst im 16. Jahrhundert ein, sie kam aus Italien, erreichte dann Frankreich, England und schließlich auch Deutschland.

3. Vorlesung: Das Ich im „Abwehrkampf" als Verlierer und als Sieger

Niemals waren es hygienische Erwägungen oder Gründe der Zweckmäßigkeit, welche etwa die Tischsitten reglementiert hätten. Sondern es war das Verhältnis der Menschen untereinander, das sich änderte und – über den Prozess der Erziehung – zu neuen Verhaltensformen zwang. Im 15. Jahrhundert z. B. war es üblich, dass man aus einer gemeinsamen Schüssel aß, und zwar mit den Fingern. Die in der Renaissance auftauchende individualisierte und zunehmende reflexive Persönlichkeit empfand Peinlichkeitsgefühle angesichts derartiger Unabgegrenztheit, und diese bildeten das Motiv für die beschriebenen Sublimierungsprozesse.

Norbert Elias, der Freuds Werk gut kannte, wusste genau, dass es zwar die gesellschaftlichen Verbote sind, die zur „soziogenen Scham"[64] führen, aber es ist „die zum Selbstzwang gewordene Scham des Erwachsenen selbst, es sind die gesellschaftlichen Verbote und Widerstände in ihrem Inneren, es ist ihr eigenes Über-Ich, das ihnen den Mund verschließt"[65]. Das Anwachsen des Peinlichkeitsempfindens und Schamgefühls wurde zum eigentlichen Motor der Zivilisationsentwicklung und erzwang in zunehmendem Maße stabile Abwehrleistungen. Von diesen ist die Abwehrform der Sublimierung zweifellos die produktivste: Sie tradiert die Grenzmarkierungen zivilisierten Denkens, Fühlens und Handelns und erlaubt doch auch dem Individuum, halb im Verborgenen seine Triebwünsche zu verwirklichen.

Zum Abschluss dieses Kapitels über das Ich als Sieger und Verlierer im „Abwehrkampf" möchte ich noch einmal auf eine Auffassung hinweisen, die insbesondere von Hoffmann[66] vertreten wurde. Demnach dienen Abwehrmechanismen nicht nur der Vermeidung von unlustvollen Angst-, Scham- oder Schuldgefühlen, sondern sie verfolgen auch das Ziel, Lust zu erreichen, das Selbstbild zu verbessern und sich an funktionierenden Ich-Funktionen zu erfreuen. Diese Auffassung bezieht bewusst eine Gegenposition zur psychoanalytischen Ich-Psychologie, die dem Subjekt seine Dissozialität vorhält, die vielfach zugerichtet werden muss, um das Individuum überhaupt erst gesellschaftsfähig zu machen.

---

64 Elias N (1939), Bd. 1, S. 260
65 ebenda, S. 247
66 Hoffmann SO (1987)

4. Vorlesung
Interpersonelle Abwehr

Das vorige Kapitel beschrieb den Abwehrvorgang als intrapsychisches Phänomen, wie ein „Ein-Personen-Stück": Das Individuum bzw. der Patient befindet sich in einer ängstigenden inneren Situation, sucht einen Ausweg und greift zu der Abwehrform, die seiner psychischen Entwicklung und seinem Charakter am nächsten liegt. Zwar sahen wir gegen Ende des Kapitels die psychosozialen Einflüsse, unter denen eine Person sich zur Abwehr gezwungen sieht, so dass über die Internalisierung von Schamgefühlen und die Anpassungsforderung jede Abwehr das Spannungsverhältnis zwischen Individuum und seiner sozialen Umwelt abbildet. Aber der Vorgang der Abwehr selbst war eine Angelegenheit des Individuums allein.

Das war nur die halbe Wahrheit. Sie steht in der Tradition insbesondere der Ich-Psychologie mit ihrem Fokus auf die innerpsychischen Konflikte und ihrer Schicksale. In diesem Kapitel werden wir uns vor Augen führen, dass eine Abwehr nur in seltenen Fällen allein vom Individuum ausgeht und im Individuum bleibt. Viel häufiger können wir beobachten – und als Analytiker auch erleben –, wie sehr die Abwehr den anderen, das Gegenüber einbezieht und erst in der Dyade oder in der Gruppe oder Institution so recht wirksam und verständlich wird.

Dazu gleich ein alltägliches Beispiel: Nicht selten begegnen uns Menschen, die sich selbst herabsetzen, ihre Fähigkeiten und Leistungen vehement kritisieren und sich für gescheitert erklären. Wir neigen dann dazu, ihnen zu widersprechen, sind aber erfolglos: Unsere aufmunternden Hinweise rufen nur neue Selbstkritik hervor, und für gewöhnlich wenden wir uns nach einer Weile ab, weil wir spüren, dass wir nichts ausrichten werden. Vielleicht ärgern wir uns auch, weil wir den Eindruck gewonnen haben, unfreiwillig zum Mitspieler herangezogen worden zu sein, und weil wir wohl zu Recht vermuten, dass unser selbstkritisches Gegenüber von uns gar nicht überzeugt werden will.

4. Vorlesung: Interpersonelle Abwehr

Unser Gegenüber versuchte vermutlich, einen schweren inneren Konflikt zwischen einem überhöhten Ich-Ideal und einer nur schwachen Gegenrede („vielleicht bin ich gar nicht so schlecht") dadurch zu „lösen", dass er die eine Hälfte („ich bin gar nicht so schlecht") dieses Dialoges, den er bewusst nicht austragen konnte, externalisierte und uns übergab. Er legte uns mit seiner Selbstanklage die Gegenrede in den Mund, die er selbst nicht zu denken wagte, nämlich jenes: „Aber Du kannst doch eigentlich auf dieses und jenes ganz stolz sein". Unbewusst wollte er diese Gegenrede hören, aber da er sein Ich-Ideal sehr liebte, konnte er sich das selbst nicht sagen. Also ließ er sich von uns auch nicht überzeugen und versuchte stattdessen, den Dialog durch weitere Selbstkritik fortzuführen. Er hat uns in seine interpersonale Abwehr „einbezogen".

Seine überzogene Selbstkritik brachte ihm einen weiteren Vorteil: Indem er sich so überaus streng beurteilte, demonstrierte er sich und uns, welch hohe Ansprüche er verfolgt – im Vergleich zu uns und überhaupt zu all denjenigen, die ihm in guter Absicht widersprechen, die finden, dass er zu streng zu sich ist, die aber damit zeigen, dass sie offenbar mit mittelmäßigen Ansprüchen zufrieden sind[67]. Auch das kann ein Gegenüber ärgern.

Dieses Alltagsbeispiel soll illustrieren, in welchem Ausmaß Abwehrprozesse ein Gegenüber brauchen und dass sich ihr Zweck häufig erst dadurch erfüllt, dass der andere „mitspielt" und dabei die ihm zugewiesene Rolle übernimmt. Psychoanalytikern war diese interpersonale Wirkung der Abwehr schon frühzeitig aufgefallen, aber sie hatten sich in der psychoanalytischen Situation zunächst sehr defensiv verhalten und versucht, die Gegenübertragung, die die „Antwort" auf die Abwehrversuche widerspiegelte, „niederzuhalten", wie Freud[68] schrieb. Deswegen blieb die Theorie der Abwehr und damit auch die der Übertragung und Gegenübertragung zunächst monadisch, eben das Ein-Personen-Stück, bis in die fünfziger und sechziger Jahre des vorigen Jahrhunderts hinein.

In der Anwendung dieser Theorie auf soziale und kulturelle Prozesse allerdings hatte Freud die engen Grenzen der monadischen Betrachtung schon sehr frühzeitig überwunden. In seinen großartigen

---

67 Hierzu eine kleine Geschichte: Ein junger Mann zeigte sich im Gespräch mit seinem Pfarrer überaus selbstkritisch, setzte sich herab und betonte geradezu lustvoll seine Nichtswürdigkeit. Da sagte der Pfarrer zu ihm: „Mein Sohn, weißt Du nicht, wie hochmütig Du bist?"
68 Freud S (1915), S. 313

Arbeiten über die „Massenpsychologie und Ich-Analyse"[69] und das „Unbehagen in der Kultur"[70] entfaltete er eine interpersonale Theorie etwa der wechselseitigen Verwendung, ja der Abhängigkeit von Führer und Geführten. Aber diese Einsichten blieben zunächst auf der Makro-Ebene der Sozialpsychologie und Kulturtheorie begrenzt. In der therapeutischen Arbeit blieb die Theorie der Abwehr lange Zeit das Ein-Personen-Stück des Patienten, obgleich Autoren wie Sándor Ferenczi und Michael Balint den Blick für die Dyade im therapeutischen Prozess schon längst geöffnet hatten.

Wie schon erwähnt, leitete Paula Heimann in den fünfziger Jahren die Wende hin zur interpersonellen Betrachtung der therapeutischen Beziehung ein. Es ist vielleicht kein Zufall, dass es vor allem Frauen waren, die diese Entwicklung voranbrachten[71]. Bei Paula Heimann jedenfalls gründete das Motiv für ihre Intervention weniger in theoretischen Überlegungen, sondern sie empfand Mitleid mit den Patienten, die ihre extrem zurückhaltenden Psychoanalytiker als „gefühllos" und „inhuman"[72] empfinden mussten. Seither hat sich das Verständnis für interpersonale, in neuerer Zeit „intersubjektive" Abwehrformen sehr ausdifferenziert – sowohl im Hinblick auf die therapeutische Einzel- und Gruppensituation, als auch in der Beschreibung sozialer Prozesse des Alltags.

Die interpersonale Abwehr braucht den anderen

In jeder interpersonalen Abwehr steckt der Versuch, einen inneren, teilweise unbewussten Konflikt zu externalisieren und dem Gegenüber hierzu eine bestimmte Rolle zuzuweisen. Sehr unterschiedliche Konflikttypen können eine Externalisierung nahelegen: Im „klassischen" Fall sind es Trieb-Abwehr-Konflikte, wie etwa in dem schon erzählten Beispiel jener Patientin, die ihre sexuellen Phantasien sehr gekonnt

---

69 Freud S (1921)
70 Freud S (1930)
71 Außer Paula Heimann, Alice Balint und Helene Deutsch waren es fünf Frauen, die in die Diskussion um das Gegenübertragungskonzept eingriffen: Therese Benedek, RE Money-Kyrle, Margret Little, Annie Reich und Clara Thompson
72 Heimann (1960) S. 484

abgewehrt hatte, indem sie in ihrem FKK-Club die Rolle der Kassiererin übernommen hatte. Eines Tages hielt sie mir vor, dass ich als Analytiker vermutlich dächte, ihr Treiben im FKK-Club „hat etwas mit Sexualität zu tun", aber sie werde mir schon zeigen, dass das nicht stimmt. Sie schob mir also die Rolle eines lüsternen Zuhörers zu, gegen den sie sich kräftig wehren konnte. Man könnte ihren inneren Konflikt vielleicht als Ich-Über-Ich-Konflikt bezeichnen.

Wenn wir aus dem Bezugssystem der „klassischen" Strukturtheorie in das System der Objektbeziehungstheorie wechseln, können wir zahlreiche weitere Typen innerer Konflikte differenzieren: Innere Objekte können sadistisch sein und alles Eigene erbarmungslos entwerten, sie können überaus erwartungsvoll sein und jede Leistung zunichtemachen. Sie können symbiotische Beziehungen verlangen und jeden Individuationsversuch mit einer Suiziddrohung beantworten wie im Falle des „Hänschen Klein", der seinen Versuch der Ablösung abbricht angesichts seiner Vorstellung (!) von der weinenden Mutter.

Ein Patient lebte bis zur Pubertät in einer überaus engen und harmonischen Beziehung mit seiner Mutter, der Vater war nur sehr selten zu Hause. Die Beziehung zwischen ihnen war vielleicht nicht symbiotisch, aber sie war vollkommen asexuell. Mutter und Sohn hatten sich darauf geeinigt, dass sexuelle Phantasien zwischen ihnen einfach nicht vorkamen. Der Sohn schien die Weiblichkeit seiner Mutter zu ignorieren, wie auch sie seine männlichen Körpermerkmale „übersah". Der Patient konnte sich noch als Erwachsener nicht vorstellen, dass seine Mutter jemals sexuell aktiv gewesen sein könnte, obwohl seine eigene Existenz ja das Gegenteil bewies. Auch seine eigene Sexualität blieb unentwickelt. Er fürchtete sich vor seinem eigenen sexuellen Begehren insbesondere dann, wenn es sich auf Frauen richtete und wurde erst sehr spät und unter starken Schuldgefühlen sexuell aktiv.

Innere Konflikte lassen sich auch recht gut aus entwicklungspsychologischer Perspektive differenzieren. Margret Mahler[73] beschrieb zum Beispiel den Individuations-Abhängigkeitskonflikt, den jedes Kleinkind durchstehen muss. Noch früher legte Erikson[74] ein Stufenkonzept der psychosozialen Entwicklung vor und nannte 8 Krisen, die im Laufe eines Lebens zu bewältigen sind. Die ersten drei sind: Urvertrauen versus Urmisstrauen, Autonomie versus Scham und Zweifel und Initiative versus Schuldgefühl. Schließlich sei an die Sys-

---

73 Mahler M, Pine F, Bergmann A (1974)
74 Erikson EH (1966)

tematik der Motivsysteme von Lichtenberg erinnert, die schon im ersten Kapitel vorgestellt wurde. Auch wenn die dort beschriebenen Motive zeitlich nacheinander auftreten, können sie doch miteinander in scharfen Konflikt geraten: Das Motivsystem der Bindung verträgt sich naturgemäß nicht mit dem der Neugier und Exploration, und das Motivsystem der aversiven Reaktion kann sehr leicht mit dem des sexuellen Empfindens in Konflikt geraten.

All diese Konflikte, ganz gleich, in welchem theoretischen Bezugssystem wir sie beschreiben, sind unvermeidlich, jedes Kind und jeder Jugendliche muss sie durchstehen und Lösungen suchen. Sie lassen sich auch niemals erledigen, sondern begegnen uns im Laufe unseres Lebens immer wieder, und jede ihrer Neuauflagen erzwingt eine Lösung. Die hier entscheidende Frage ist nun, inwieweit diese Lösung als interpersonale Abwehr durchgesetzt werden soll.

In welchen Fällen müssen wir auf eine interpersonale Abwehr zurückgreifen? Immer dann, wenn der innere Konflikt unmöglich bewusst gehalten und ausgetragen werden kann, wenn also eine der beiden Seiten, als innere Konfliktparteien verstanden, aus dem Bewusstsein verschwinden und am besten woanders untergebracht werden muss. In jedem Falle können wir in einer interpersonalen Abwehr die Externalisierung eines inneren, „unmöglich" gewordenen Konfliktes vermuten. Jede Seite eines Konfliktes kann zur Externalisierung dem Gegenüber angeboten werden: Der Patient mit einem narzisstischen Konflikt kann entweder sein narzisstisches Ideal anbieten und seinen Analytiker mit den großartigsten Charakterzügen ausstatten und er selbst fühlt sich wie eine „graue Maus", oder aber er blickt voller Arroganz auf ihn herab und fragt sich, ob ihm dieser Durchschnittsmensch eigentlich geistig folgen kann.

In all diesen Fällen muss ausgehandelt werden, inwieweit der andere mitspielen muss und mitspielen will. Wird der Analytiker (oder der soziale Partner außerhalb der analytischen Situation) die ihm angetragene Rolle des idealisierten Anderen akzeptieren, vielleicht sogar gern übernehmen, oder wird er sie zurückweisen und damit die interpersonale Abwehr scheitern lassen? Inwieweit der Absender mit seinem Angebot der interpersonalen Abwehr beim Adressaten erfolgreich ist, hängt also ganz entscheidend von der Bereitschaft des Adressaten ab, die ihm angebotene Rolle zu übernehmen. Fehlt diese Bereitschaft, kann der Absender versuchen, den Adressaten doch zur Rollenübernahme (Sandler)[75] zu bewegen. Er könnte ihm schmei-

---

75 Sandler J (1976)

4. Vorlesung: Interpersonelle Abwehr

cheln, ihn also verführen, oder ihm mit Entwertung drohen, falls er die gewünschte Rolle nicht spielen will. In jedem Falle belässt es der Absender ja nicht mit seiner Anschauung z. B. von der Großartigkeit des anderen, sondern er wird auch versuchen, von diesem die dazu passende Antwort zu erhalten.

Ob eine interpersonale Abwehr aus Sicht des Absenders gelingt, hängt nicht nur von der Bereitschaft des Adressaten ab, die angebotene Rolle – mit oder ohne Manipulation – lebendig auszufüllen, sondern auch davon, ob und inwieweit der Absender das Mitspielen des anderen tatsächlich benötigt. Im Extremfalle kann der Absender seinen interpersonalen Beziehungsentwurf auch dann verwirklicht sehen, wenn der Adressat gar nicht mitspielt und die ihm angetragene Rolle in keiner Weise erkennbar verwirklicht. Man würde hier von einer „primitiven" interpersonalen Abwehr sprechen können, weil sie die Realität auf eine besonders krasse Weise verleugnet und subjektiv ausgestaltet.

Auch hierzu ein Beispiel aus der pädagogischen Arbeit mit delinquenten Jugendlichen: Ein Jugendlicher, der wegen gewalttätiger Übergriffe schon mehrfach straffällig geworden war, berichtete über eine für ihn typische Situation: Er habe ein paar Bier getrunken, sei dann mit „großem Frust" aus dem Haus gegangen, da sei ein ihm unbekannter Mann entgegengekommen, der habe „schon so geguckt", und „Ich wusste, der denkt ‚da kommt Dreck'", und er sei natürlich wütend geworden und habe ihn niedergeschlagen. Danach habe er sich für eine Weile sehr viel leichter gefühlt.

Wie sich im Gespräch mit ihm zeigte, war dieser Jugendliche von einem sehr negativen Selbstgefühl geplagt, er hatte seine Wohnung mit einem starken, unbewussten „Ich bin Dreck" verlassen und jemanden gesucht, an den er dieses überaus aggressive „Du bist Dreck" adressieren könnte. Es hätte nur zu gut gepasst, wenn tatsächlich jemand mit einem mürrischen, vielleicht sogar verächtlichen Gesichtsausdruck auf ihn zugekommen wäre. Der hätte dann die ihm zugewiesene Rolle wenigstens im Ansatz gespielt. Bei diesem schon leicht alkoholisierten Jugendlichen, der voller Wut (eigentlich Selbsthass) war, konnte es aber nahezu gleichgültig sein, ob sein Opfer lächelte (Der lacht mich aus!) oder wegschaute (Der verachtet mich!) oder gleichgültig drein sah (Der tut nur so!).

Vermutlich sind diese extremen Fälle, in denen der Adressat gar nicht „mitspielen" muss, sehr selten. Zumeist gelingt es dem Absender, sein Gegenüber zur Rollenübernahme zu bewegen. Natürlich macht es auch einen Unterschied, ob es kurze Begegnungen sind, in denen die beiden Beteiligten spontan entscheiden, inwieweit sie sich über eine interpersonale Abwehr verständigen können, oder ob sie – wie im Falle einer Partnerwahl – Zeit haben, über die wechselseitige Rollenübernahme zu „verhandeln". Verhalten sich die wechselseitigen Rollenerwartungen komplementär zueinander, finden sich die beiden vermutlich sehr „anziehend" und können sich auf eine intensive Partnerschaft oder Verliebtheit einigen.

Kollusionen

Jürg Willi hat schon in den siebziger Jahren[76] den Begriff der Kollusion für die unbewusste wechselseitige Verwendung im Abwehrprozess angewendet. Er beschrieb, wie sich Paare auf die komplementäre Rollenverteilung über ein unbewusstes gemeinsames Konfliktthema verständigen. Je nach gemeinsamem Thema lassen sich Typen von Kollusionen unterscheiden: Die narzisstische Kollusion z. B. verteilt unter sich die komplementären Rollen des glänzenden Helden und der bewundernden „grauen Maus", und beide profitieren von dieser Rollenverteilung: Der „Held" findet die Bewunderung, die er braucht, weil er seiner Größe und Stärke sehr unsicher ist, und die „graue Maus" sonnt sich im Glanze des Helden und liebt es, von ihm gemocht zu werden. Andere Kollusionstypen „einigen" sich z. B. auf die Rollenverteilung nach „Bindung versus Unabhängigkeit" oder „Dominanz versus Unterwerfung".

Dass beide Beteiligten gleichermaßen von der komplementären Rollenverteilung profitieren, bleibt dem Alltagsverständnis zumeist verborgen. Insbesondere im Falle sadomasochistischer Beziehungen neigen wir dazu, im einen eindeutig das Opfer, im anderen zweifelsfrei den Täter zu identifizieren. Dass aber beide Beteiligten aus ihrer Kollusion einen Gewinn ziehen, wird erst sichtbar, wenn wir auch die unbewussten Motive berücksichtigen. Dann erkennen wir im „Opfer" den unbewussten Wunsch, bestraft zu werden, und wir sehen ferner, dass der „Täter" sich wie gefangen fühlt, gerade weil ihm das „Opfer" signalisiert: „Ich mache Dir keine Vorwürfe, obwohl ich so unter Dir leide".

---

76 Willi J (1975)

4. Vorlesung: Interpersonelle Abwehr

Ende der fünfziger Jahre des vorigen Jahrhunderts schrieb eine Frau an den Ratgeber „Frau Irene"[77] der Zeitschrift „Hör Zu" etwa Folgendes: Ihr Mann bestrafe sie auch für ihre kleinen Vergehen sehr hart. Zum Beispiel fahre er dann mit ihr einige Kilometer vor die Stadt, setze sie auf der Landstraße aus und verlange von ihr, dass sie zu Fuß hinter ihm, der im Schritttempo zurückfuhr, nach Hause gehe. Zu meiner Überraschung antwortete „Frau Irene" dieser Ratsuchenden: Sie möge sich doch fragen, wieso sie sich denn ein derart sadistisches Verhalten gefallen lasse. Ich war empört: Die arme geplagte Frau nun auch noch zu kritisieren!

Man kann sich fragen, ob nicht auch in jeder Verliebtheit eine kollusive „Einigung" steckt. Freud[78] spricht ja im Falle der Verliebtheit von „Sexualüberschätzung", und er schildert, wie der Verliebte das geliebte Objekt an die Stelle des eigenen Ich-Ideals setzt. Dabei mag es durchaus sein, dass die Geliebte durchaus nicht jene Eigenschaften trägt, die das so schmerzlich vermisste Ich-Ideal ausmachen. Es genügt, wenn sie sich von den Projektionen gern ansprechen lässt und sich etwas Mühe gibt, ihnen tatsächlich zu entsprechen. Für den Empfänger ist es natürlich wunderbar, wenn auch er so gesehen wird, wie er gerne wäre.

In Anlehnung an das fünfte Kommunikationsaxiom von Paul Watzlawick[79] wurde auch versucht, die Abwehrkonstellationen, die zu Kollusionsmustern führen, in „symmetrische" und „komplementäre" zu unterteilen. Mentzos[80] diskutiert diesen Ansatz, weist aber darauf hin, dass die Kommunikationstheorie ausdrücklich darauf verzichtet, die unbewussten Gründe für derartige Abwehrkonstellationen in ihre Analysen einzubeziehen. Was also für einen Kommunikationswissenschaftler unsymmetrisch erscheinen mag, könnte in psychoanalytischer Perspektive durchaus als symmetrisch gelten, wie z. B. im Falle der erwähnten sadomasochistischen Kollusion.

Kollusionen werden in den meisten Fällen im Hochgefühl gestiftet, und die beiden Beteiligten fühlen sich auf ideale Weise aufeinander bezogen. Dennoch geraten kollusive Beziehungen fast unvermeidlich in schwere Krisen, spätestens nach einer Zeit von vier bis sechs Jah-

---

77 Dahinter verbarg sich der Publizist und Lebensberater Walther von Hollander, der seit 1949 die Rubrik „Fragen Sie Frau Irene" der Zeitschrift „Hör Zu" betreute.
78 Freud S (1921)
79 Watzlawick P, Janet H, Beavin JH, Jackson, DD (1969)
80 Mentzos S (1976)

ren[81]. Der Grund für die Krise einer Kollusion liegt in der „Wiederkehr des Verdrängten", in der Tendenz des Unbewussten, ins Bewusstsein zurückkehren zu wollen. Was bei einer intrapsychischen Abwehr schon zu beobachten war, dass nämlich das Abgewehrte nicht ausgelöscht wurde, sondern immer wieder aufs Neue verdrängt oder verleugnet oder per Reaktionsbildung bekämpft werden muss, zeigt sich auch in den interpersonalen Abwehrformen: Die „passende" Rollenübernahme z. B. eines strengen Über-Ichs durch einen Partner führt nicht zur dauerhaften Befriedung des inneren Konfliktes, sondern sie muss immer neu bestätigt und möglichst verstärkt werden. Die Frau z. B., die ihre Verlassenheitsangst dadurch bekämpft, dass sie ihren Partner kontrolliert, wird ihre Kontrolle schrittweise ausdehnen, und der „progressive" Partner in einer narzisstischen Kollusion wird immer neue und immer überzeugendere Beweise der Bewunderung fordern, um sich seiner Größe wenigstens vorläufig sicher sein zu können.

Noch aus einem anderen Grund geraten Kollusionen fast unvermeidlich in Konflikte: Jeder der beiden komplementär zueinanderpassenden Partner findet im anderen genau diejenigen Eigenschaften vor, vor denen er sich selbst fürchtet oder um die er seinen Partner beneidet. Im Falle einer narzisstischen Kollusion etwa mag es wohl sein, dass die „graue Maus" ihren Partner sehr bewundert, aber unbewusst ist sie auch neidisch darüber, dass der sich erlaubt, was sie sich selbst so streng versagt. Und ihr Partner verachtet die „graue Maus", weil sie eine Haltung einnimmt, die er glücklich überwunden zu haben glaubte. Die „Wiederkehr des Verdrängten" bezieht sich in Kollusionen also nicht nur darauf, dass das Abgewehrte im Individuum selbst immer wieder andrängt und immer wieder aufs Neue abgewehrt werden muss, sondern auch auf die Inszenierung des Abgewehrten im anderen: Jeder von beiden sieht im anderen genau die Eigenschaften verkörpert, die er bei sich keinesfalls dulden will.

---

81 Daher vermutlich die Redeweise vom „verflixten siebten Jahr". Familientherapeuten beschreiben den zeitlichen Ablauf scherzhaft als „zwei Jahre Verliebtheit, zwei Jahre gutes Benehmen, zwei Jahre Streit, und dann ist Schluss".

Interpersonale Abwehr in sozialen Gruppen

Bis hierher haben wir uns auf die interpersonale Abwehr in dyadischen Beziehungen konzentriert. Die dort untersuchten Phänomene können wir auch in sozialen Gruppen erkennen. Es soll an dieser Stelle genügen, die hierzu entwickelten Theorien kurz zu erwähnen: Zunächst Bions[82] Theorie von den Grundannahmen einer Gruppe; gemeint sind Varianten gemeinsam organisierter Abwehr psychotischer Ängste in sozialen Gruppen: Durch Abhängigkeit, Paarbildung oder Kampf und Flucht. Diese drei Formen der Abwehr sind tatsächlich in Gruppen dann gut zu beobachten, wenn sie durch das besondere Setting und das Leiterverhalten zu regressiven Bewegungen veranlasst werden. Diese Einschränkung stellt Bions Theorie nicht in Frage, sieht aber ihre Anwendbarkeit auf Situationen begrenzt, in denen eine Gruppe starken regressiven Tendenzen unterliegt.

Von Raoul Schindler stammt das Positionsmodell[83] der Verteilung von Rollen in sozialen Gruppen mit den Alpha-, Beta-, Gamma- und Omega-Positionen, deren Einrichtung durch interpersonale Abwehrmechanismen gestützt wird. Nahezu jede Gruppe „produziert" z. B. auch die Omega-Position, also die des Zweiflers, der die Ambivalenz der Gruppe zum Ausdruck bringt, die Gruppe dadurch aber auch zwingt, sich mit den Zweifeln auseinanderzusetzen. So sehr sich eine Gruppe über den Vertreter der Omega-Position auch ärgern mag: Es wäre ein schwerer Fehler, wenn der formelle Leiter der Gruppe (z. B. der Lehrer einer Schulklasse) die Omega-Position kritisieren oder gar ausschließen würde, denn Omega erfüllt eine wichtige Rolle in der interpersonalen Abwehr der Gruppe. Würde der Rollenträger der Omega-Position ausgeschlossen, müsste sich die Gruppe einen neuen Omega „wählen", um ihren Zweifeln über die gemeinsamen Ziele eine Stimme zu verleihen.

Annelise Heigl-Evers entwickelte zusammen mit Franz Heigl[84] das Konzept des „Göttinger Modells" für die Gruppenpsychotherapie. Ausgehend von ihrer Erfahrung, dass Patienten mit niedrigem Strukturniveau gar nicht in der Lage sind, in Gruppen psychoanalytisch zu arbeiten, wandelten sie die analytische Gruppenmethode ab und ent-

---

82   Bion W (1971)
83   Schindler R (1957)
84   Heigl-Evers A, Heigl F (1973)

wickelten neben der analytischen Methode zwei weitere Verfahren: Die tiefenpsychologisch fundierte und die interaktionelle Methode. Die analytische Gruppenmethode verlangt hohe reflexive Fähigkeiten und setzt ferner voraus, dass der Gruppenteilnehmer das Symbolhafte der Sprache versteht und regressive Bewegungen zulassen und nutzen kann. Die interaktionelle Methode stellt demgegenüber die geringsten Voraussetzungen: Der Gruppenleiter fokussiert hier auf die Ebene des tatsächlich beobachtbaren Geschehens in der Gruppe und fordert die Teilnehmer auf, über ihre Interaktionen nachzudenken. Gleichsam „zwischen" der psychoanalytischen und der interaktionellen Methode steht die tiefenpsychologisch fundierte Gruppenpsychotherapie, die vor allem auf der Ebene der „psychosozialen Kompromissbildungen" arbeitet. Damit sind die interpersonalen Abwehrformen gemeint, die vorbewusst ablaufen und die über Deutungen bewusst gemacht werden können.

Der Gruppenleiter ist gehalten, in seinen Interventionen genau die Ebene der Reflexion anzusprechen, die der gewählten Methode entspricht. Ein fiktives Beispiel soll die Unterschiede zwischen den drei Methoden verdeutlichen: Zu Beginn einer Sitzung in einer interaktionellen Gruppe sagte ein Gruppenmitglied, Herr A., zu einem anderen: „Du wolltest doch etwas Kritisches über unseren Gruppenleiter sagen". Als der Angesprochene schwieg und auch die Gruppe abwartete, sagte der Gruppenleiter zu Herrn A: „Das ist so eine Aufforderung vom Typ ‚Hannemann, geh du voran', nicht wahr?". Wäre es eine tiefenpsychologisch fundierte Gruppe gewesen, hätte er vielleicht gesagt: „Herr A, Sie waren ja in der letzten Sitzung sehr enttäuscht, und Sie würden mich gern kritisieren, aber Sie fürchten sich, mich selbst direkt anzugreifen". In einer psychoanalytischen Gruppe wäre folgende Intervention denkbar: „Die Gruppe hat so lange geschwiegen, nachdem Herr A. zum Angriff geblasen hatte. Ich glaube, Sie fürchten sich, dass ich einen solchen Angriff nicht überleben würde".

In der „mittleren" Intervention würde der Gruppenleiter eine interpersonale Abwehrform ansprechen und annehmen, dass dem Angesprochenen durchaus bewusst werden kann, wie er versucht hatte, einem anderen die Rolle des Aggressors zuzuschieben, die er selbst nicht auszuspielen gewagt hatte. Wenn Herr A. den Mut findet, seine Enttäuschung zu äußern, oder, noch besser, einräumen könnte, dass er Angst hatte, den Gruppenleiter selbst zu kritisieren, wäre vieles gewonnen: Herr A. könnte zukünftig vielleicht darauf verzichten, seinen Ärgeraffekt interpersonal abzuwehren, indem er „über die Bande spielt".

Interpersonale Abwehr in Großgruppen und Institutionen

Interpersonale Abwehrprozesse lassen sich natürlich auch in Institutionen und Großgruppen beobachten. Stavros Mentzos hat schon 1976 über „institutionalisierte" Abwehr geschrieben, seine heute noch gültige Analyse muss hier nicht wiederholt werden. Ich möchte aber an Freuds Massenpsychologie und Ich-Analyse von 1921 erinnern, und zwar wegen eines mit sehr wichtigen Aspektes: Die enge Bindung des Untertanen an seinen Führer gründet in dem Versuch, den Führer an die Stelle des eigenen Ich-Ideals zu setzen. Diese Analyse sollte sich wenige Jahre nach dem Erscheinen dieser Arbeit bewahrheiten: Die glühendsten Anhänger Adolf Hitlers stammten aus der unteren Mittelschicht, die einerseits hohen Idealen nachhing, andererseits aber von sozialer und vor allem wirtschaftlicher Deklassierung bedroht war. Das Versprechen des „Führers", das deutsche Volk aus der Erniedrigung (der Versailler Verträge) heraus und zu wahrer Größe zu führen, erschien als ein verlockendes Angebot, über die Projektion von Großartigkeit auf den „Führer" und identifikatorische Teilhabe an seiner Großartigkeit selbst an Größe zu gewinnen.

Freud hatte diese Bindung der Masse an einen Führer mit einer Verliebtheit gleichgesetzt, und tatsächlich trifft auch in diesem Falle zu, was wir in der Verliebtheit einer Zweierbeziehung sehen können: Die „Sexualüberschätzung" des Partners, seine Ausstattung mit idealen Eigenschaften, die per Identifikation zum „Sender" zurückkehren. Hinzu kommt im Falle der Massenbewegung, dass die Einzelnen ihre Rollendifferenzierungen untereinander großenteils aufgeben, sich miteinander identifizieren, so dass sie sich untereinander als gemeinsam vom Führer Geliebte nahe sind.

Welche Menschen sind anfällig für das Angebot, einen anderen Menschen an die Stelle des eigenen Ich-Ideals zu setzen? Zweifellos solche, die an einer hohen Diskrepanz zwischen ihrem hohen Ich-Ideal und der Realität ihrer Existenz leiden und die des Weiteren dazu neigen, ihr Vorbild auf illusionäre Weise mit Großartigkeit auszustatten. Diese Art der Verliebtheit lässt sich regelmäßig bei Sekten beobachten. Auch Sektenanhänger können ihren Führer auf eine für Außenstehende unbegreifliche Weise idealisieren, und sie lassen sich dabei nicht von seinen wirklichen Eigenschaften irritieren. Als Beispiel möge die Sekte der Scientologen gelten, die ihre zentrale Identifikationsfigur, L. Ron Hubbart, schier grenzenlos idealisieren und sein

Hauptwerk, die Dianetik, mit nicht nachvollziehbarer Großartigkeit ausstatten.

Noch krasser ist das Beispiel des Jim Jones, des Gründers der Peoples-Temple-Sekte in den USA, die ihm mit mehr als 900 Anhängern im Jahre 1978 in Guyana in den Massenselbstmord folgte. Auch Jim Jones wurde von den Mitgliedern seiner Sekte grenzenlos verehrt, auch ihm wurden Eigenschaften zugeschrieben, die er in der Realität keineswegs verkörperte. Seine Sekte entwickelte schon frühzeitig sehr primitive Abwehrformen, die nur noch pathologische Außenbeziehungen zuließen: Untereinander in extrem aggressiv-gehemmter Weise identifiziert, entwickelten sie zunehmend paranoide Phantasien. Sie fühlten sich bedroht, umzingelt, verließen ihre Heimat in den USA, ließen sich 1977 in Jonestown in Guyana nieder, wo sie ein Jahr später von einem US-Kongressabgeordneten und einigen Journalisten besucht wurden. Einige Sektenmitglieder hinderten die Besucher am Rückflug und ermordeten sie. In Erwartung gewalttätiger Rache proklamierte Jim Jones den Massenselbstmord.

Die interpersonale Abwehr, die die enge Beziehung zwischen Führer und Geführten stiftet, gründet, wie wir sahen, in der Bereitschaft der Einzelnen, ihren Führer ungeachtet seiner realen Erscheinung mit idealen Eigenschaften auszustatten, um auf dem Umweg über ihn ihr eigenes Selbstgefühl zu erhöhen. Die erwähnten Beispiele des Adolf Hitler, der dem Ideal eines Ariers mit makelloser Abstammung überhaupt nicht entsprach, ferner der beiden Sektenführer L. Ron Hubbart und Jim Jones legen die Auffassung nahe, dass die Mitglieder der Masse sehr einseitig und illusionär die interpersonale „Verständigung" zum Führer entwerfen. Es scheint so, als könnte sich dessen Rolle darauf beschränken, die Projektionen anzunehmen und ihnen möglichst genau zu entsprechen.

Er kann ihnen aber auch widersprechen. Dazu ein Beispiel aus der deutschen Nachkriegsgeschichte. Der erste deutsche Bundespräsident, Theodor Heuss, war ein Feingeist, ein gebildeter Mann, außerdem ein Schwabe, der als erstes Staatsoberhaupt nach Adolf Hitler allen Helden-Projektionen widersprach. Legendär wurde seine Rede vom September 1958 vor den versammelten Bundeswehr-Einheiten, die er, der Anti-Militarist und Gegner der Wiederbewaffnung Deutschlands, zum Entsetzen der anwesenden Offiziere überwiegend aus der alten Wehrmacht mit den Worten beschloss: „Nun siegt mal schön." Ein Mann seiner Haltung eignete sich nicht als Projektionsfläche für Führer-Phantasien, er war zweifellos ein Glücksfall nach der Katastrophe des „Dritten Reiches".

4. Vorlesung: Interpersonelle Abwehr

Die projektive Identifizierung

An dieser Stelle möchte ich eine interpersonale Abwehrform genauer untersuchen, die überhaupt erst im Zusammenspiel von einem „Sender" und einem „Empfänger" wirksam wird: Die projektive Identifizierung. Eingeführt von Melanie Klein im Jahre 1946, bezeichnete dieser Begriff eine sehr früh einsetzende Abwehrmethode, mit der schon der Säugling seine Beziehung zur mütterlichen Brust ausgestaltet. Der Säugling bewältigt eigene destruktive Impulse, indem er sie auf das mütterliche Objekt projiziert, so dass er diese nicht mehr im Innern, sondern als Bedrohung durch das Objekt wahrnehmen muss. Gegen dieses Konzept hat es eine Reihe von Einwänden gegeben: Von entwicklungspsychologischer Seite, z. B. von Fonagy[85] wird bezweifelt, dass ein Säugling zu den beschriebenen Symbolisierungsleistungen schon fähig sein könnte, außerdem werde der Begriff der projektiven Identifizierung „überdehnt gebraucht", er sei „unscharf" und von „verschiedenen Übertragungsausformungen oft nicht zu unterscheiden"[86]. Seine Verbreitung verdankt er heute wohl auch weniger seiner Herkunft im Kleinianischen Denken, sondern eher seiner interaktionellen Dimension, die seit den 60er Jahren des zurückliegenden Jahrhunderts die Konzepte über die therapeutische Beziehung und insbesondere die über den Zusammenhang von Übertragung und Gegenübertragung prägt[87]. Außerdem trug er dazu bei, dass wir die inneren Konflikte einer Person nicht mehr nur als Ich-Über-Ich-Konflikte oder Trieb-Abwehr-Konflikte auffassen, sondern in den Begriffen der Objektbeziehungstheorie als ein höchst unverträgliches Gegeneinander internalisierter Personen.

Es könnte sinnvoll sein, das Konzept von der projektiven Identifizierung zu entmystifizieren und es, wie auch Ogden[88] vorschlägt, zu vereinfachen. Dann handelt es sich um eine soziale Interaktion, die in drei Schritten abläuft:

(1) Eine Person versucht, einen Selbstanteil dadurch „loszuwerden", dass sie ihn einem anderen (oder einer Gruppe) projektiv anbietet. Dieser Selbstanteil kann, wie in den Beispielen dieses Kapitels schon illustriert, ein destruktiver Impuls oder ein sadistisches

---

85 Fonagy P, Gergely E, Jurist EI, Target M (2004)
86 Reich G (2008), S. 601
87 Körner J (1990)
88 Ogden T (1979)

Die projektive Identifizierung

Über-Ich oder auch eine Idealvorstellung sein, für die sich der Sender schämt. Das „Angebot" des Senders kann sehr verführerisch sein, und nicht selten verhält er sich ausgesprochen manipulativ.

(2) Wenn der Empfänger diese Projektion im Wesentlichen annimmt (man könnte auch davon sprechen, dass er sich mit den projizierten Eigenschaften identifiziert), zeigt er die vom Empfänger abgewehrten Merkmale in seinem Verhalten.

(3) Der Sender erkennt diese Eigenschaften im anderen, ohne sie *wiederzuerkennen*, und identifiziert sich mit ihnen. Diese Identifizierung könnte zur Folge haben, dass z. B. der Sender einer aggressiven Projektion („Der denkt, da kommt Dreck") beim anderen eine Angriffslust zu erkennen glaubt und meint, er müsse sich gegen sie zur Wehr setzen.

Projektive Identifizierungen sind nichts anderes als die Fortsetzung einfacher Projektionen. Diese könnten sich darauf beschränken, eine vielleicht negative Eigenschaft einem anderen zuzuschreiben, dann befindet sie sich dort, und der Sender ist sie (scheinbar) los. Aber immer wenn der Sender seine Projektionen gleichsam verfolgt, sie im anderen (oder einer Gruppe) aufspürt, um sie dort – anstatt in sich selbst – zu bekämpfen, erweitert er seine Projektion um den dritten Schritt, den der Identifikation mit dem Abgewehrten im anderen. Inwieweit der Empfänger die Projektion wirklich darstellen muss, um die Vorlage für die abschließende Identifikation zu bieten, hängt vom Strukturniveau des Senders ab: Menschen mit schweren Persönlichkeitsstörungen, die dringlich darauf angewiesen sind, ihre unerträglichen Selbstanteile „loszuwerden", benötigen nur geringfügige Hinweise im Empfänger, um den projizierten Selbstanteil dort zu erkennen. Dem Jugendlichen, der seinen Selbstanteil „Du bist Dreck" im anderen unterbringen wollte, genügte es, dass irgendein Fremder ihm entgegenkam und vermutlich völlig unbeteiligt dreinblickte. Höher strukturierte Individuen wünschen sich einen Mitspieler, der es ihnen leicht macht, die abgewehrten Anteile wiederzuerkennen und sich mit ihnen identifizieren, wie im Beispiel der Beziehung zwischen einem Sektenmitglied und seinem „Führer".

So betrachtet, lassen sich projektive Identifizierungen sehr häufig in alltäglichen sozialen Beziehungen und natürlich auch in der therapeutischen Situation erkennen. Inwieweit sie sogar häufiger sind als „einfache" Projektionen, kann hier offen bleiben. Neigen wir nicht immer dazu, unsere Projektionen anderswo verwirklicht sehen zu wollen? Und sind wir nicht erst dann zufrieden, wenn die Empfänger einer Projektion, z. B. die Akteure im politischen Raum, auch tatsächlich so auftreten, wie wir es erwartet haben? Lloyd deMause[89] hat in seinen Arbeiten über die „Psychohistory" einige faszinierende Belege für den geheimen „Dialog" zwischen politischen Führern und Geführten zusammengetragen, der insbesondere in der öffentlichen Presse geführt wird und in dem auf folgenreiche Weise politische Entscheidungen – z. B. über die militärische Intervention Großbritanniens im „Falklandkrieg" – vorbereitet werden.

Kriegshandlungen zwischen Staaten werden oft durch inszenierte projektive Identifizierungen ausgelöst. Hitler begann am 1. September 1939 den Polen-Feldzug (und damit den Zweiten Weltkrieg) mit der Radioansprache: „Polen hat nun heute nacht zum ersten Mal auf unserem eigenen Territorium auch mit bereits regulären Soldaten geschossen. Seit 5 Uhr 45 wird jetzt zurückgeschossen! Und von jetzt ab wird Bombe mit Bombe vergolten!"

Die Geschichte der Übertragungskonzepte, zu Ende erzählt

Zum Abschluss dieses Kapitels über die interpersonale Abwehr möchte ich die Geschichte der psychoanalytischen Konzepte von der Übertragung und Gegenübertragung, die ich im Kapitel über die Abwehr als intrapsychischen Mechanismus begonnen hatte, wieder aufnehmen und zu Ende erzählen. Das frühe Übertragungskonzept fokussierte die Aufmerksamkeit auf die Vorgänge im Patienten: Übertragung als eine Verhaltensdisposition, die sich hinter dem Rücken der Subjekte durchsetzt und ihrem Verhalten innerhalb und außerhalb der psychoanalytischen Situation einen repetitiven und zuweilen auch infantilen Charakter verleiht. Eine Übertragungsneigung ist gut von außen erkennbar: an ihren Wiederholungen und daran, dass sie eine „falsche Verknüpfung" darstellt[90].

In einem Experiment habe ich vor etlichen Jahren einmal versucht, die Wirkung der Übertragung auf scheinbar objektive Beobachter zu erfassen. Ich bat die ca. 120 Teilnehmer einer Universitätsvorlesung über Klinische Psychologie, einen Persönlichkeitsfragebogen auszu-

---

89 deMause L (1989)
90 Freud S (1895), S. 309

füllen, der gut zwischen depressiven und zwanghaften Persönlichkeiten differenziert. Zwei Studenten, ein deutlich zwanghafter und ein depressiver wurden aufgrund der Ergebnisse ausgewählt (ohne dass ihnen der Grund für die Auswahl erklärt wurde), und sie erhielten in der folgenden Woche den Auftrag, ihren Kommilitonen in getrennten Räumen und zeitlich parallel die Biografie eines Patienten vorzulesen. Alle Studenten dachten, es ginge darum, zwei unterschiedliche Biografien diagnostisch richtig einzuschätzen, und sie nahmen an, dass deswegen die Gesamtgruppe der Studierenden in zwei Hälften geteilt werden musste. Die Aufteilung geschah so, dass sich in den beiden Gruppen gleich viele zwanghafte und depressive Persönlichkeiten befanden. Was alle Beteiligten nicht wussten: Beiden Teilgruppen wurde exakt derselbe Text vorgelesen, nämlich die erfundene Geschichte eines unauffälligen jungen Mannes, der in seiner Kindheit Konflikte erlebt hatte, die sowohl eine depressive als auch eine zwanghafte Entwicklung hätten nach sich ziehen können. Die beiden Geschichten waren also identisch, unterschiedlich waren nur die beiden Vorleser: In einem Falle war es ein nach den Testergebnissen eher depressiver, im anderen ein deutlich zwanghafter Vorleser. Nach der „Vorlesung" mussten die Studierenden einen Fremdbeurteilungsfragebogen zur Einschätzung der Depressivität und Zwanghaftigkeit des vorgestellten „Patienten" ausfüllen. Im Ergebnis zeigte sich hochsignifikant, dass die Vorleser offenbar allein durch die Art ihres Vortrages bei den Zuhörern den Eindruck erweckt hatten, im einen Falle habe es sich um eine depressive, im anderen um einen zwanghafte Persönlichkeit gehandelt. Man kann diese Wirkung wohl als Gegenübertragung auf die unterschiedlichen „Ansprachen" der Vorleser verstehen.

Mit dem psychoanalytischen Verständnis für interpersonale Abwehrformen wuchs auch die Einsicht in die wechselseitige Verflochtenheit von Übertragungs- und Gegenübertragungsprozessen. Und als projektive Identifizierung betrachtet, erschien die Übertragung dann nicht mehr bloß als falsche Anschauung, sondern als ein mehr oder weniger manipulativer Versuch, einen inneren, „unmöglichen" Dialog in einen äußeren, sozialen Dialog zu verwandeln. Damit verwandelt sich der Analytiker von einer Projektionsfläche zu einem Mitspieler im therapeutischen Prozess. Von ihm hängt es ab, ob eine Übertragung Gestalt annehmen, verstanden und vielleicht sogar durchgearbeitet werden kann[91].

---

91 Hamburger A (1983), Körner J (1989)

4. Vorlesung: Interpersonelle Abwehr

Zur Illustration greife ich noch einmal das Beispiel von der Patientin auf, die mich, um ihre Verlassenheitsangst zu bewältigen, sehr stark kontrollierte. In diesem Beispiel ist wichtig, dass ich diese Übertragung nicht „objektivierend" erfassen konnte, sondern ihrer erst dadurch gewahr wurde, dass ich mich seltsam eingeengt fühlte und meine Angst spürte, mich mit einem eigenen Gedanken zur Geltung zu bringen. Es war also gar nicht primär der Wiederholungscharakter, der mir die Augen für diese Übertragung geöffnet hatte, sondern mein Eindruck, dass ich mich gegen meinen bewussten Willen merkwürdig passiv verhalten hatte.

Parallel zur Erweiterung unserer Auffassung von der Übertragung und Gegenübertragung musste sich auch das Abstinenzkonzept ändern. So lange man die Übertragung als Verhaltensdisposition verstand, die möglichst unbeeinflusst durch den Analytiker zum Ausdruck kommen sollte, musste sich dieser auf die Rolle eines möglichst objektiven Messinstrumentes zurückziehen. Die Übertragung als Versuch hingegen, den Analytiker zu verwenden, fordert von diesem die Rollenübernahme, das heißt, er soll sich verwenden lassen, aber die Verwendung auch begrenzen[92]. „Rollenübernahme" heißt: Der Analytiker verkörpert die Rolle, die er spielen soll, bringt sie zur Anschauung, aber es ist sehr schwierig zu entscheiden, an welchem Punkt sich das Mitspielen in ein Mitagieren verwandelt.

Auch hierzu ein kleines, harmloses Beispiel: Ein sehr gebildeter Patient, der von sich selbst forderte, stets unterhaltsam und geistreich zu sein, unterbrach eines Tages seine Erzählungen und meinte: „Heute bin ich wahrscheinlich ziemlich langweilig." Tatsächlich hatte er wirklich langweilige Dinge erzählt, aber ich spürte, dass es mir schwerfiel, ihm dergleichen zu sagen. Zweifellos war er es gewohnt, in solchen Situationen Widerspruch zu „ernten" und rechnete im Bewussten wohl auch diesmal damit. Ich aber antwortete wahrheitsgemäß: „Ja, das stimmt". Natürlich war er überrascht und er überlegte, ob er nicht beleidigt sein müsste. Wir verstanden, dass er mir mit seinen langweiligen Erzählungen unbewusst die Antwort „Ja, Sie sind heute langweilig" in den Mund gelegt hatte, um dort zu hören, was er sich selbst nicht zu sagen traute. Er hatte diesen Versuch zu einem Zeitpunkt unternommen, als er unbewusst hoffte, eine solche Antwort hören und „verdauen" zu können. Er verwendete mich also, um seine Selbstwahrnehmung um die Möglichkeit, auch einmal lang-

---

[92] Mehr darüber im Kapitel 5 über die Abwehr in der psychoanalytischen Situation.

weilig zu sein, zu erweitern. Die projektive Identifizierung diente in dieser Szene also dem Versuch der Integration einer bisher gefürchteten, abgespaltenen Eigenschaft. Charakteristisch ist für diesen Typ der Verwendung, dass der so Angesprochene den inneren Konflikt des Patienten selber auch spürt (in meinem Zögern, dergleichen Kränkendes zu sagen), aber indem er seinen Angstaffekt überwindet, bringt er eine Vorleistung, die es dem Patienten ermöglicht, den bisher gefürchteten Gedanken zu integrieren.

Hierzu noch ein Beispiel aus dem Feld der stationären psychodynamischen Psychotherapie: Eine Patientin war zum Erstgespräch angemeldet worden, klopfte etwa fünf Minuten vor der verabredeten Zeit an meiner Türe. Ich bat sie, kaum dass sie ihren Kopf durch die Türe gesteckt hatte, noch ein paar Minuten im Wartebereich Platz zu nehmen. Sie sagte: „Ich warte gern". Als ich mich wieder meiner Schreibtischarbeit zuwenden wollte, ginge mir dieser Satz nicht aus dem Kopf: Klang er nicht auffällig munter? So als sei sie überhaupt nicht enttäuscht? Dann begann ich mit mir selbst zu hadern: Hätte ich sie nicht einfach hereinbitten sollen? Musste ich wirklich so übergenau, ja zwanghaft sein? Dann wieder zurück zur Patientin: Lag nicht sogar ein leichter Triumph in ihrer Stimme, so ein „Sie können mich nicht verletzen"? Andererseits: Warum kam sie auch zu früh, musste sie nicht damit rechnen, dass sie abgewiesen wird? Hatte sie mich nicht geradezu gezwungen, sie zu enttäuschen? Über diese Grübeleien vergingen die fünf Minuten, und ich bat die Patienten herein.

In den Gesprächen mit ihr berichtete sie, dass sie in einer sadomasochistischen Beziehung lebte, aber immer versuchte, ihren Partner zu verstehen. Er habe eine sehr schwere Kindheit erlitten, sei selbst ein Opfer, und man könne ihm keine Vorwürfe machen. Und so hatte sie auch die Szene mit mir gestaltet: Durch ihr zu frühes Klopfen hatte sie eine kleine Enttäuschung provoziert, dann aber mit diesem „Ich warte gern" über meine Zurückweisung triumphiert. Ich selber hatte mich verstrickt, ihre Reaktion hatte in mir Schuldgefühle ausgelöst, die ich mit meinem Ärger auf sie abzuwehren versucht hatte. Es ist leicht denkbar, dass in weniger harmlosen Situationen die Antwort des Analytikers durchaus aggressiver ausfallen könnte oder aber, im Sinne einer Reaktionsbildung, in künstliche Freundlichkeit und/oder in Selbstvorwürfe umschlägt. Es ist aber seine Aufgabe, die ihm angebotene Rolle zu übernehmen, zu erkennen und durchzuarbeiten.

5. Vorlesung
Abwehr im Rahmen der psychoanalytischen Situation

In diesem Kapitel werde ich das Konzept von der interpersonalen Abwehr und – damit im Zusammenhang – die moderne Auffassung über die wechselseitige Verschränkung von Übertragungs- und Gegenübertragungsphänomenen wieder aufgreifen. Wir hatten gesehen, dass der Patient seinen Analytiker in seine Abwehr einbezieht, am deutlichsten zu erkennen im Falle der projektiven Identifizierung, die den Analytiker zum Mitspielen und manchmal auch zum Mitagieren auffordert. Dessen Gegenübertragung ist kein „Echo" und auch nicht das objektive Instrument, um die Übertragung zu vermessen, sondern eine komplexe Mischung aus eigener Übertragung und einer auch unbewusst gestalteten Antwort auf die Übertragung des Patienten.

Gemeinsam gestalten sie die psychoanalytische Situation. Deren „Rahmen"[93] unterscheidet sich, das wurde schon oft beschrieben, von alltäglichen Konversationssituationen in mehrfacher Hinsicht. Das zeigt sich schon zu Beginn einer Behandlung: Der Analytiker gibt kaum Regeln aus, verabredet die Frequenz und die Termine, vielleicht auch die Bezahlung und gegebenenfalls Vereinbarungen über Urlaub und ausgefallene Stunden. Er definiert keine Ziele, erklärt nicht, welches seine Aufgaben sein werden und schon gar nicht, wie er methodisch vorgehen wird. Der Patient weiß also wirklich nicht, „was hier eigentlich los ist"[94].

Für alle sozialen Situationen, die uns vertraut sind, stehen uns nicht bewusste Rahmenentwürfe zur Verfügung, gleichsam „Formatvorlagen", die angeben, welche Regeln der Konversation hier gelten, was von uns erwartet wird, mit welchen Verhaltensweisen der anderen wir rechnen können und was „aus dem Rahmen fallen" würde. Es sind hunderte solcher „Formatvorlagen", die wir kennen und beachten: Schulunterricht, Telefongespräch, Kinobesuch, Polizeikontrolle,

---
93 Goffman E (1977)
94 ebenda

mündliche Prüfung im Studium, Bewerbungsgespräch, Gottesdienst, Friedhofsbesuch. In all diesen Fällen wenden wir unsere internalisierten Rahmenvorstellungen an, die uns Sicherheit geben, ohne dass wir es bemerken. Erst wenn wir in eine Situation geraten, deren Rahmen wir nicht kennen, spüren wir die Unsicherheit, und wir suchen nach Anzeichen dafür, welche unserer gespeicherten Formatvorlagen am ehesten geeignet sein könnten, sich hier zurechtzufinden. Wir fühlen uns dann wie Ethnologen, die eine fremde Kultur aufsuchen und die sich z. B. bei einem lauten Wortwechsel der Einheimischen, deren Sprache sie nicht kennen, fragen: Streiten die sich, womöglich sehr ernsthaft? Spielen die nur? Handelt es sich um ein Ritual, oder üben sie ein Stück ein?

So lange eine Situation „im Rahmen bleibt", ist dieser Rahmen unsichtbar, er ist „stumm" (Bleger[95]), er verhält sich also wie ein gesunder Körper: Er schweigt. Wir bewegen uns in den vielen unterschiedlichen sozialen Situationen des Alltags, ohne ihrer Rahmen gewahr zu werden. Wie genau unsere Rahmenvorstellungen sind, bemerken wir immer dann, wenn etwas aus dem Rahmen fällt. Man stelle sich z. B. vor, jemand ruft uns an, meldet sich mit seinem Namen und einem „Ja, bitte"? Wir wären völlig verdutzt, weil wir „natürlich" annehmen, dass der Anrufer nach der ersten kurzen Verständigung irgendein Anliegen vorträgt.

Abwehr stützt den Rahmen

Der sehr gründlichen und illustrativen Beschreibung des Soziologen Goffman ist aus psychoanalytischer Sicht Folgendes hinzuzufügen: Der Rahmen gibt nicht nur an, welche Regeln in einer sozialen Situation gelten und mit welchen Verhaltensweisen wir rechnen können, sondern er schreibt uns auch vor, wie wir die Handlungen anderer zu interpretieren haben. Und hierzu gehört auch, dass wir implizit wissen, welche Phantasien über das, was geschieht, angebracht sind und welche unbewusst gehalten, also abgewehrt werden sollen.

Diese Steuerung unserer Abwehr durch den Rahmen einer Situation ist in Szenen, die Angst erregen oder beschämen könnten, besonders wichtig. Bei einem Arztbesuch z. B. ist es notwendig, dass wir

---

95 Bleger JB (1993), S. 270

5. Vorlesung: Abwehr im Rahmen der psychoanalytischen Situation

Handlungen zulassen, die wir einem Fremden niemals erlauben würden, weil wir sie als sadistisch oder lüstern erleben würden. Sie würden im Alltag aus dem Rahmen fallen. Dem Arzt hingegen können wir auch sehr invasive Handlungen erlauben, weil wir im Rahmen unseres Rahmenentwurfes „Arztbesuch" alle möglichen Phantasien über seinen Sadismus etc. abwehren. Der Rahmen einer Situation wird also auch durch unsere Abwehr eingerichtet und gefestigt – und umgekehrt: Der Rahmen „sagt" uns, welche Phantasien hierher gehören und welche nicht.

Auch hierzu eine kleine fiktive Geschichte: Ein Allgemeinarzt untersucht seine Patientin, verlässt mit ihr gemeinsam seine Praxis, um eine Mittagspause einzulegen. Im Fahrstuhl nach unten fällt ihm plötzlich ein, dass er vergessen hatte, seiner Patientin in den Hals zu gucken. Also bittet er sie, den Kopf anzuheben, nach oben zur Neonbeleuchtung hin zu blicken, den Mund zu öffnen, laut „Aah" zu sagen, um ihn hineinschauen zu lassen. Die Patientin wäre vermutlich nicht einverstanden oder zumindest sehr irritiert. Warum? Ein Arzt darf „natürlich" in den Hals schauen, aber doch nur im Rahmen der Situation „Sprechstunde" und keinesfalls im Fahrstuhl.

In heiklen Fällen wie dem eines Arztbesuches benötigen wir immer wieder Hinweise, die unsere Abwehr und damit den Rahmen unterstützen. Vielen Menschen ist es z. B. wichtig, dass das Sprechzimmer eines Arztes nicht wie ein Wohnzimmer aussieht und dass er selbst durch seine Kleidung und die Begrüßungsrituale klar macht: Dies ist ein Arztbesuch, hier gelten die uns bekannten Regeln einschließlich der zu fordernden Abwehrleistungen. Emerson[96] hat die Dialoge zwischen Gynäkologen, ihren Arzthelferinnen und ihren Patientinnen analysiert und kam zu dem Ergebnis, dass alle Mitteilungen den Patientinnen vor allem eines versichern sollen: „Was hier geschieht, ist wirklich nichts Besonderes". Es gebe also keinen Grund, sich zu schämen oder Angst zu haben.

Das Konzept des Rahmens einer Situation ist sehr interessant, gerade weil wir uns der Wirkung eines Rahmens nicht bewusst sind. Noch einmal ein Beispiel dafür, wie differenziert unsere nicht bewussten Vorstellungen vom Rahmen einer Situation sind. In einem kleinen Experiment bat ich einen meiner Studenten, zu Beginn der nächsten Vorlesung seinen Stuhl zu nehmen und sich nach vorn neben mein Pult zu setzen. Dort sollte er sich ganz normal verhalten: Zuhören, mitschreiben, sich mal langweilen etc. Der Effekt war, dass sich alle

---

96   Emerson JP (1974)

Teilnehmer der Vorlesung mit dieser Szene beschäftigten, die ja nur ganz leicht aus dem Rahmen gefallen war. Sie waren offenbar irritiert, und schließlich fragten sie, was das denn zu bedeuten habe.

Man kann an diesem Beispiel auch erkennen, dass wir im Alltag annehmen, dass zumindest menschliches Handeln niemals grundlos ist. Deswegen löst ein überraschendes Situationsdetail sofort die Frage aus, was dieses Verhalten – im Beispiel des Studenten neben dem Podium – zu bedeuten habe. Würde er die Frage mit „Gar nichts" beantworten, glaubte ihm wohl niemand. Es ist unvorstellbar, dass er sich nach vorne setzt, ohne einen Grund zu haben. Wir haben immer einen Grund, mag sein, dass er uns unbewusst ist.

So sensibel wir sind, wenn wir Rahmenverletzungen bemerken, so zäh halten wir am Rahmen fest und ignorieren Rahmenverletzungen so lange es geht. Auch hierzu ein Beispiel, es stammt von Rainer Krause[97]: Er lud einige Männer und Frauen zu einer politischen Diskussion ein, die per Video aufgezeichnet werden sollte, um mimische Signale und ihre Wirkung in der Interaktion zu erfassen. In dieser Gruppe befand sich auch ein Erwachsener, der an einer Psychose erkrankt war und in seinen Beiträgen sehr konfabulierte. Den Diskutanten aber fiel das lange Zeit nicht auf. Sie hielten an ihrer Rahmenvorstellung „Hier findet eine politische Diskussion statt" fest.

Von Goffman selbst wird häufig die Situation des Theaters herangezogen, um das Rahmenkonzept zu erläutern. Uns allen ist dieser Rahmen gut bekannt. Wenn sich der Vorhang öffnet, dann wissen wir: Ab jetzt wird (nur) gespielt. Es ist sehr wichtig, dass wir den Unterschied zwischen Realität und Spiel realisieren; vermutlich wurde deswegen auch der Vorhang eingeführt, um ein Zeichen zu setzen für den Übergang von der Realität zur Fiktion und zurück. Moderne Theaterstücke, die auf solche gut erkennbaren Zeichen verzichten, machen uns unsicher, ganz zu schweigen von Inszenierungen, bei denen diese beiden Welten, die der Fiktion auf der Bühne und die der Realität im Zuschauerraum ineinanderfließen, und wir z. B. bemerken, dass unser Sitznachbar zum Ensemble gehört und mitspielt.

Kleine Kinder lernen den Rahmen der Fiktionalität schrittweise kennen. Beim Kasperletheater im Kindergarten kann man erleben, dass kleinere Kinder nach vorne stürmen, um dem Protagonisten zu helfen oder vor der Gefahr zu warnen. Und in Ländern der „Dritten Welt" werden Zuschauer zuweilen handgreiflich, um einen Mord auf der Bühne zu verhindern oder eine schändliche Tat zu rächen.

---

97 Rainer Krause, mündliche Mitteilung

Der Rahmen der psychoanalytischen Situation

Nun zur psychoanalytisch-therapeutischen Situation. Der Patient weiß zunächst nicht, „was hier eigentlich los ist", und der Analytiker hilft ihm nur sehr wenig, um dieses Rätsel zu lösen. Er erklärt ihm nämlich nicht, wie sich die Aufgaben von Patient und Therapeut verteilen und womit überhaupt zu rechnen sein wird. Hinzu kommt, dass die Regel der freien Assoziation den Rahmen weit zu stecken scheint. Alles zu sagen, sollte möglich sein? Was ist das überhaupt für ein Angebot, oder ist es eine Prüfung oder ein (gemeiner) Trick?

Ein Beispiel: Eine Patientin hatte im Erstgespräch angedeutet, dass sie zuweilen obszöne Phantasien hätte, und sie wünschte sich unter anderem, von ihnen befreit zu werden. Wir verabredeten eine analytische Psychotherapie. Im letzten Vorgespräch erläuterte ich ihr die Grundregel: Sie möge versuchen, alles zu sagen, was ihr durch den Kopf ginge, auch wenn es ihr nebensächlich erschiene oder peinlich wäre. Sie wiederholte mit fester Stimme: „Alles?!" Ich nickte, und sie war sich sicher: Das käme für sie nicht in Frage, und sie verzichtete auf die Behandlung. Die Rahmenvorstellung „Hier sollen sie alles sagen" hatte sie zu sehr beunruhigt.

In der zu Beginn einer analytischen Behandlung und für längere Zeit höchst unklaren Lage greift der Patient auf diejenigen Rahmenentwürfe zurück, die ihm vertraut sind und die ihm Sicherheit versprechen. Mit anderen Worten: Er aktiviert ein ihm naheliegendes Beziehungsmuster und die dazu gehörenden Abwehrformen – das ist nichts anderes als die Übertragung.

Eine besonderes Charakteristikum der psychoanalytischen Arbeit wird ebenfalls nicht erwähnt, obgleich es von zentraler Bedeutung ist: Die Regel von der „Fiktionalität" (B. Müller)[98] des Beziehungsgeschehens in der psychoanalytischen Situation. Damit ist gemeint, dass der Patient versuchen soll, seine Phantasien und Vorstellungen über den Analytiker als Beziehungsentwürfe zu verstehen, über die man mit Gewinn nachdenken kann. Und der gemeinsame Dialog sollte vielleicht wie ein Prosatext verstanden werden, der die Realität nicht eins zu eins abbildet, sondern zeigt, wie wir uns die Realität vorstellen, also wünschen und fürchten könnten. Der Analytiker lädt also ein, einen „exzentrischen Standpunkt"[99] einzunehmen, um die gemeinsa-

---

98 Körner J, Müller B (2004)
99 Plessner H (1982)

me Beziehung nicht nur zu gestalten, sondern wie von außen auf sie zu schauen, ihren Entwurfscharakter zu erkennen und über sie nachzudenken.

Nicht alle Patienten sind schon zu Anfang der Analyse fähig und bereit, eine solche „exzentrische" Position einzunehmen. Eine Patientin zum Beispiel bestand darauf, dass sie eine „hässliche und dumme" Frau sei, die sich am besten nirgendwo zeigen sollte. Meinen Versuch „Sie *finden* also, dass sie hässlich und dumm sind" wies sie energisch zurück: „Nein, ich *finde* nicht, dass ich hässlich und dumm bin, sondern ich *bin* es". Es war in diesem Falle nicht leicht zu entscheiden, ob in der Weigerung, die Aussage „Ich bin dumm und hässlich" zu fiktionalisieren, nur die Abwehr einer Größenphantasie zum Ausdruck kam oder tatsächlich die Unfähigkeit, die eigenen Vorstellungen als Entwürfe betrachten und damit auch in Frage stellen zu können. Fehlt eine solche Fähigkeit dauerhaft, ist analytisches Arbeiten nur in einer abgewandelten Form möglich.

Die Redeweise von der Fiktionalisierung der psychoanalytischen Situation soll ihr natürlich nicht ihre Ernsthaftigkeit absprechen. Analytiker und Patient spielen kein Theater, und die Übertragung ist nicht eine „Als-ob-Beziehung" vom Typ „Wir üben nur". Schon Freud[100] hatte darauf hingewiesen, dass man z. B. einer Verliebtheit nicht den Charakter einer echten Liebe absprechen dürfe. Natürlich meint es der Patient ganz ernst, wenn er den Analytiker hasst oder verachtet oder idealisiert. Und über diese Gefühle nachzudenken soll nicht ihre Ernsthaftigkeit in Frage stellen, sondern die Kontexte suchen, in denen – und nur in denen! – sie verständlich werden. Der Patient kann dann in einem zweiten Schritt verstehen, dass er, stünde er in anderen lebensgeschichtlichen Kontexten, anders fühlen und denken würde.

Um einen Patienten zu verstehen, versuchen wir zunächst, seinen Rahmenentwurf für die Situation hier und jetzt kennenzulernen. Und wir müssen mit starken Abwehrbewegungen rechnen, wenn wir ihn für eine Öffnung seines Entwurfes gewinnen wollen. Daher ist es gut zu verstehen, wenn die Aufforderung zur freien Assoziation keineswegs als willkommene Chance gesehen wird, endlich einmal „alles" zu sagen – im Gegenteil: Sie wirkt eher wie eine Prüfung, die sehr wahrscheinlich mit einer Beschämung oder Erniedrigung enden wird. Wenn es der Patient aber wagt, gemeinsam mit seinem Analytiker einen ganz neuen Rahmen für diese analytische Situation zu entwickeln, muss er seine habituell gewordenen Abwehrmuster zurückneh-

---
100 Freud S (1915), S. 316

men und seine Übertragungsphantasien korrigieren. Das wird dann die gemeinsame analytische Arbeit.

Abwehr und Widerstand

Die Abwehr, mit der ein Patient seine unbewussten Rahmenentwürfe von der analytischen Situation verteidigt, bezeichnen wir als seine „Widerstände". Der Begriff des Widerstandes sollte in der Frühgeschichte der Psychoanalyse zum Ausdruck bringen, dass ein Patient sich nicht erinnern und seine verborgenen Phantasien nicht preisgeben will. Das war, schreibt Ermann[101], noch in einer Zeit, als eine Theorie des Unbewussten noch nicht ausgearbeitet war und Freud noch im Kontext seiner Erfahrungen mit der Hypnose dachte. Seither trägt der Begriff des Widerstandes eine negative Bedeutung, und noch in den Fallgeschichten der Gegenwart ist herauszulesen, dass ein Patient sich gegen die Analyse „sträubte", den Prozess „behinderte" und sich „weigerte", die hilfreichen Deutungen des Analytikers anzunehmen.

Heute verstehen wir den Widerstand des Patienten als den für ihn charakteristischen Versuch, die analytische Situation mit seinem Analytiker konstruktiv zu gestalten. Um noch einmal das Konzept vom Rahmen der Situation zu bemühen: Der Patient widersteht, indem er seine unbewusste, von Abwehr gestützte Vorstellung von der Situation („Was ist hier eigentlich los?") veranschlagt, was dem Analytiker als ein sich Sträuben oder sogar als Opposition erscheinen mag. Insofern wirkt jede Übertragung als ein Widerstand, weil der Patient auf seine ihm naheliegenden Beziehungsphantasien zurückgreift und natürlich nicht gleich bereit ist, das Beziehungsangebot des Analytikers („Ich höre wohlwollend zu und kritisiere sie nicht") vertrauensvoll zu beantworten.

Weil sich der Widerstand unterschiedlicher Abwehrmechanismen bedient, wurde zuweilen vorgeschlagen, die beiden Begriffe „Abwehr" und „Widerstand" synonym zu verwenden oder nur eine minimale Differenzierung vom Typ „Widerstand ist Abwehr in der analytischen Situation" anzubringen. Mit dieser Gleichsetzung ginge aber verloren, dass der Widerstandsbegriff eher auf einer Makro-Ebene angesiedelt ist und sehr viele Handlungsweisen des Patienten – darunter auch

---

101   Ermann M (2008)

seine Abwehr – bezeichnen kann, mit denen er bewusst und unbewusst an seinem Entwurf von Beziehungen und vom Rahmen der Situation festhält.

Ein Beispiel: Ein Patient hatte als Kind schon gelernt, sich nicht auf andere Menschen zu verlassen, unabhängig zu bleiben und seine Nähewünsche zu verleugnen. Dieses unsicher-vermeidende Bindungsmuster hatte ihn sehr geprägt und kennzeichnete ihn natürlich auch in der analytischen Situation. Hier beharrte er auf seinem Standpunkt, dass ich zweifellos hilfreich sein könnte, indem ich ihm bei der Erarbeitung wichtiger Erkenntnisse behilflich wäre. Dass es darüber hinaus eine Beziehung zwischen uns geben könnte, schien ihm nicht vorstellbar und für den Erfolg der Therapie auch nicht nötig.

Je länger die Analyse dauerte, desto dringlicher schien es ihm zu beteuern, dass es zwischen uns doch keine emotionale Beziehung geben könne, und seine Argumente, mit denen er seine Überzeugung begründete, erschienen mir immer krampfhafter und bemühter. Schließlich sei er doch, meinte er, nur einer von vielen Patienten, und warum sollte mir gerade an ihm etwas liegen? Das waren Stunden, in denen, wie Karl König[102] einmal sagte: Der Widerstand sinkt, aber die Abwehrbemühungen steigen. Denn der Patient spürte, dass ich ihm zunehmend wichtig wurde, und verzweifelt wehrte er sich gegen die ihn bedrängende Sehnsucht.

Um nun den Prozess der analytischen Arbeit weiter verfolgen zu können, sollten wir uns noch einmal vor Augen führen, dass jede Abwehrbewegung eine (mehr oder weniger intensive) interpersonale Wirkung[103] entfaltet. Je stärker der Impuls ist, den der Patient abwehren muss, je radikaler seine Abwehrmechanismen sind, die ihm zur Verfügung stehen, desto dringlicher wird er seinen Analytiker in seine Abwehr einbeziehen wollen und desto intensiver werden sie auf den Analytiker wirken.

Auch hierzu zwei Beispiele. Eine Patientin war von ihrer Mutter sehr widersprüchlich behandelt worden: Einerseits wurde sie wie ein Selbstobjekt behandelt („Du bist mein Ein und Alles"), andererseits wurde sie regelmäßig vernachlässigt, wenn ihre Mutter eine ihrer häufigen Liebesbeziehungen einging. In ihrer Übertragung wehrte sich die Patientin mit starken Kräften gegen alle eigenen Beziehungswünsche und bestand auf ihrer „Gewissheit", dass sie für ihre Analytikerin absolut austauschbar wäre. Dieser fiel es schwer, die Gegenüber-

---

102 Karl König, persönliche Mitteilung
103 Karl König (1982) sprach von dem „interaktionellen Anteil der Übertragung".

tragung einer „auf Null gestellten" Beziehungsperson zu ertragen, sie fühlte sich entwertet („Sie sind mein Mülleimer") und zur Passivität verdammt („Sie sind mein Tagebuch, das selbst ja nicht mitredet").

Ein Patient, der mit der Diagnose einer Borderline-Persönlichkeitsstörung in die stationäre Psychotherapie aufgenommen worden war, idealisierte seinen analytischen Psychotherapeuten über die Maßen. Er lobte seine Interventionen („Das sind kleine Schätze, die ich hier mitnehme und die mich tragen bis zur nächsten Sitzung") und glaubte sich verstanden „wie noch niemals zuvor". Diese Übertragung hatte zunächst ihre verführerischen Seiten, und der Analytiker musste sich ganz bewusst seiner eigenen Tendenz widersetzen, immer noch klügere Deutungen zu geben und mit seinem Patienten zu einem gemeinsamen Höhenflug abzuheben. Eines Tages wünschte sich der Patient eine Bescheinigung über seinen Krankenhausaufenthalt, die ihm aber sein Therapeut nicht geben konnte, der ihn bat, sich an die Verwaltung zu wenden. In diesem Augenblick einer scheinbar geringfügigen Enttäuschung kippte die Übertragung in ihr Gegenteil: Der Patient beschimpfte seinen Therapeuten, drohte mit Abbruch der Behandlung und agierte, indem er versuchte, einen anderen Therapeuten in der Klinik für sich zu gewinnen. Alle Hinweise auf die so harmonische gemeinsame Geschichte fegte der Patient vom Tisch, ja, diese Hinweise schienen seine Wut zu verstärken, weil ihm erst jetzt klar würde, wie sehr ihn der Therapeut über seinen wahren Charakter getäuscht hätte. Glücklicherweise blieb der Patient noch recht lange, so dass es dem Therapeuten gelangt, den Patienten zu ermutigen, die beiden von Spaltung getrennten Seiten in seiner Objektwelt einander anzunähern.

Jürgen Kind[104] schilderte auf eindrucksvolle Weise die Verstrickungen, in die ein Analytiker bei der Behandlung von suizidalen Patienten geraten kann. Er beschrieb zwei Übertragungsvarianten: Im ersten Falle versucht der Patient, seinen Therapeuten an sich zu binden, indem er mit Suizid droht und damit seinen Therapeuten manipuliert. Im zweiten Falle vermittelt er dem Therapeuten den Eindruck, dass er seinen Patienten verliert, dass der ihm entgleitet und ihn hilflos zurücklässt. Diese beiden Gegenübertragungskonstellationen, die des „manipulierten" und des „aufgegebenen" Objektes gründen in komplementären Übertragungsangeboten der Patienten: Im ersten Falle versucht ein Patient, ein inneres Objekt zu sichern und zu kontrollieren, um dadurch seine Verlassenheitsangst abzuwehren. Im zweiten

---

104 Kind J (1986)

Falle bindet er den Therapeuten dadurch an sich, dass er ihm das Gefühl vermittelt, seinen Patienten nicht mehr erreichen zu können. In beiden fühlt sich der Analytiker in Bedrängnis, in beiden Fällen reagiert er mit Angst. Im ersten Falle hat er Angst „*vor* dem Patienten", indem er z. B. phantasiert, dass der ihn mit einem gelungenen Suizid beruflich ruinieren könnte. Im zweiten Falle hat er Angst „*um* den Patienten"[105], weil er sich hilflos fühlt und nicht mehr weiter weiß. Nicht selten wehrt der Therapeut seine Gegenübertragung ab, z. B. dadurch, dass er in Wut gerät, den Patienten sadistisch behandeln möchte usw.

Es liegt auf der Hand, dass der Patient seine interpersonale Abwehr umso erfolgreicher durchsetzen kann, je besser sein Therapeut mit seiner Persönlichkeit zu ihm „passt" in dem Sinne, dass sie sich auf fatale Weise komplementär ergänzen. Ein suizidaler Patient z. B., der einem Analytiker mit unsicher-vermeidendem Bindungsmuster die Rolle des aufgegebenen Objektes anbietet, wird damit wenig Erfolg haben. Kind selbst erwähnt auch den Fall, dass ein Therapeut mit symbiotischen Wünschen in hohem Maße bereit sein könnte, sich mit der angebotenen Rolle zu identifizieren und die vom Patienten ausgehende projektiv-identifikatorische Abwehr dann nicht bemerkt.

Selbstverständlich kommen in den Beziehungen zwischen Patienten und Therapeuten die gleichen Kollusionsmuster vor, wie wir sie auch im Alltag der Paarbeziehungen kennen. Eine narzisstische Kollusion habe ich schon erwähnt: Patient und Analytiker „einigen" sich auf das gemeinsame Thema: Sie flüchten vor ihren Nichtigkeitsgefühlen in Phantasien von Makellosigkeit und Grandiosität. Das können sie „konkordant" inszenieren, dann bestätigen sie sich gegenseitig ihre Großartigkeit. Oder aber sie inszenieren die narzisstische Kollusion mit „komplementären" Rollen wie die zwischen dem strahlenden Narzissten und der „grauen Maus". Sie können diese Rollen auch tauschen und sich abwechseln.

Von den zahlreichen weiteren Varianten kollusiver Beziehungsmuster soll hier nur noch eine, nämlich die einer sadomasochistischen Kollusion erwähnt werden. Diese sind vielleicht deswegen besonders schwer zu erkennen, weil Analytiker sich nur sehr ungern in der Rolle eines Sadisten erleben. Gern wehren sie diese unangenehme Gegenübertragung per Reaktionsbildung ab, bringen sich damit aber in eine umso schwierigere Lage.

---

105 ebenda, S. 231

5. Vorlesung: Abwehr im Rahmen der psychoanalytischen Situation

Eine Patientin brachte sich immer wieder in Situationen, die für sie schlecht ausgingen. Zum Beispiel erzählte sie, wie sie sich eines späten Abends auf einer Kirmes von einem fremden Mann ansprechen und zum Besuch eines vor der Stadt gelegenen Freiluftkinos einladen ließ. Als dieser dann zudringlich wurde, gelang es ihr mit großer Mühe und einigem Glück, das Auto zu verlassen und sieben Kilometer zu Fuß nach Hause zurückzukehren. Der Analytiker hätte wohl zornig werden können, aber er wehrte seinen Ärger ab und reagierte sehr freundlich-mitleidsvoll. Er hatte aber sehr wohl gesehen, dass seine Patientin zu masochistischen Inszenierungen neigte, und nahm sich vor, diese Neigung bei nächster Gelegenheit in der Übertragung anzusprechen. Als die Patientin zu Beginn einer Stunde erzählte, dass sie zu spät aufgestanden sei, sich dann aber sehr beeilt hätte, um noch pünktlich zu kommen, sagte der Analytiker: „Ja, das haben Sie ja dann noch hingekriegt". Die Patientin schwieg und sagte dann: „Ja, ich hätte wirklich früher aufstehen sollen, tut mir leid". Der Analytiker überlegte und sagte nach einer Pause: „Das war jetzt ein sehr interessanter Dialog zwischen uns. Ich hatte anerkennen wollen, dass Sie trotz Ihres späten Aufstehens noch pünktlich gekommen sind, aber Sie haben diese Anerkennung als Kritik verstanden und sich entschuldigt". Nun schwieg die Patientin für zwei, drei Minuten, dann sagte sie: „Ich verstehe, ich bin wohl nicht geeignet für die Analyse". Wieder war der Analytiker zum Sadisten geworden.

Vermutlich ist dies der überzeugendste Grund dafür, dass Psychoanalytiker ausbildungsbegleitend eine Lehranalyse absolvieren müssen: Sie sollen sich selbst kennenlernen, sie sollen ihre Konfliktbereitschaften erleben und sollen erfahren, welche eigenen Übertragungsneigungen sie in sozialen Situationen anwenden. Damit bereiten sie sich auf die analytische Situation vor, die ihnen mannigfache Rollen anbieten wird. Denn die Patienten haben ja das Recht, ihre Analytiker nach ihren inneren Bildern zu verwenden, aber diese haben die Pflicht, diese Verwendung zu akzeptieren, zu begrenzen und selbst auch den Patienten nicht zur Befriedigung eigener Bedürfnisse zu verwenden – das ist die Abstinenz. Diese Kunst setzt eine ausreichende Selbsterfahrung voraus.

Ganz falsch ist es demnach, die Lehranalyse als „didaktische" Analyse zu verstehen und zu handhaben. Es mag sein, dass jeder Lehranalysand vieles von der Haltung und Technik seines Analytikers schon per Identifikation übernimmt. Aber die Ernsthaftigkeit der analytischen Aufgabe verlangt, dass auch die Lehranalyse im gleichen Rahmen wie eine therapeutische Analyse durchgeführt wird, das heißt, die Regeln der freien Assoziation und der Abstinenz gelten hier wie dort. Dass sich dennoch eine Lehranalyse regelmäßig von einer therapeutischen Analyse unterscheidet, liegt nicht in einer etwaigen methodischen Differenz begründet, sondern in den unterschiedlichen Kontexten, in denen die Analyse steht: Eine therapeutische Analyse wird explizit als Krankenbehandlung begonnen; der Patient möchte Hilfe zur Bewältigung seiner psychischen oder psychosomatischen Leiden in Anspruch nehmen. Eine Lehranalyse hingegen setzt – zumindest theoretisch – eine seelische Gesundheit voraus. Sie zu beginnen gründet in einem Berufswahlmotiv, nicht (oder nicht offiziell) in dem Wunsch, von einer Krankheit geheilt zu werden. Das Berufswahlmotiv selbst kann nicht analysiert werden, es bildet ja die Voraussetzung für die „Behandlung". Schließlich: Fast jeder Lehranalysand plagt sich mit der Sorge herum, er könnte für den Beruf des Psychoanalytikers „zu krank" sein, so dass er lange zögert, bis er auch über seine inneren Konflikte spricht. Diese beiden „Parameter", das unanalysierbare Motiv und die Sorge, als zu krank zu erscheinen, generieren starke Abwehrbemühungen, also Widerstände im analytischen Prozess.

Die Aufgaben des Analytikers

Welches sind nun die Aufgaben des Analytikers? Auch hierzu ein kleines Beispiel: Eine Patientin beklagte sich, es sei so heiß in diesem Dachzimmer, „Könnten Sie vielleicht das Fenster öffnen?" Ich überlegte kurz, stand auf, durchquerte den Raum, öffnete das Fenster und kehrte zu meinem Platz zurück. Nach wenigen Minuten sagte die Patientin: „Jetzt ist es ja so laut, man hört die ganzen Autos von draußen. Könnten Sie das Fenster vielleicht wieder schließen?" Ich stand wieder auf, schloss das Fenster, bemerkte aber auch, wie der Ärger in mir hochstieg. Andererseits hatte die zurückliegende Szene auch etwas Komisches, und nach einigem Überlegen sagte ich der Patientin: „Da haben Sie mich ja ganz schön herumgeschickt". Die Patientin versuchte, sich ein Lachen zu „verbeißen", was ihr aber nicht gelang. Sie entschuldigte sich zunächst wortreich, bis ich ihr anbot, dass sie ja auch ein heimliches Vergnügen an der Szene gehabt haben könnte. Ich hatte Glück: Die Patientin überwand ihre Scham angesichts ihrer manipulativen Neigungen und gestand mir nach und nach, dass sie mich am liebsten als ihren Diener phantasierte, und mit prustendem Lachen malte sie sich aus, dass ich eine Livree trüge, bei ihrem Eintreten stramm stünde und meine Fingernägel vorzuweisen hätte.

Diese Szene hätte auch ganz anders ausgehen können. Ich hätte meinen Ärger abwehren und in einer Reaktionsbildung betont freundlich reagieren können: „Ich glaube, das war für Sie jetzt sehr wichtig, dass Sie sich getraut haben, Ihre Wünsche zu äußern". Ich hätte aggressiv mitagieren und damit die projektive Identifikation der Patientin einlösen können: „Das war jetzt ein Angriff auf den Rahmen unserer Situation". Glücklicherweise ging mein Ärger nicht so weit, dass ich ihn weder abwehren noch ausspielen musste. Stattdessen habe ich versucht zu ertragen, herumkommandiert worden zu sein, und ich konnte der Situation dann sogar etwas Komisches abgewinnen[106]. Indem ich mit meiner Deutung „Da haben Sie mich ja ganz schön herumgeschickt" gezeigt hatte, dass ich es nicht so schlimm finde, so behandelt zu werden, habe ich es der Patientin vielleicht ermöglicht, ihren eigenen Sadismus nicht mehr schamhaft zu verleugnen, sondern spielerisch sogar zu genießen – das war der erste Schritt einer Integration.

Verallgemeinert ausgedrückt, kam es darauf an, den externalisierten inneren Konflikt der Patientin („Ich schäme mich für meine sadistischen Impulse") durchzuarbeiten. Darin liegt, wie Loch[107] sagt, die „notwendige Vorleistung des Analytikers", nämlich der „innere Integrationsprozess"[108], der sich zunächst „auf der intrapsychischen Ebene im Therapeuten (ereignet), bevor er sich im Patienten realisieren kann"[109]. Was aber in der hier geschilderten, recht harmlosen Szene so einfach erscheinen mag, erweist sich in affektiv hoch gespannten Übertragungskonstellationen als äußerst schwierig, und ich möchte im Folgenden den Vorgang der „Vorleistung" und der „Integration" etwas genauer untersuchen.

Diejenigen Fälle, in denen ein Patient eine Übertragung entfaltet, die im objektivierenden Sinne als „unangemessen" oder gar „falsche Verknüpfung" zu erkennen ist, sind vergleichsweise einfach zu handhaben. Wenn die Patientin in einem der erwähnten Beispiele darauf besteht, dass ich sie ablehne, weil ich ja nicht einmal bereit bin, mit ihr „einen Tee trinken" zu gehen, bringt mich das nicht in erhebliche Bedrängnis und aktiviert nicht meine Abwehr, weil ich mich vermutlich gar nicht erst mit diesem Übertragungsangebot identifiziere.

---

106 Humor zählt ja auch zu den Abwehrmechanismen ...
107 Loch W (1965), S. 21
108 Ermann M (1987), S. 108
109 Loch W (1974), S. 442

Sehr viel schwieriger wird es, wenn uns der Patient auf eine Weise in seine Abwehr einbezieht, die wir nur indirekt über unsere Gegenübertragung erschließen können – sofern wir sie wahrnehmen und nicht abgewehrt haben. Ich denke an den Fall einer Patientin, die ihre Analytikerin zunehmend in eine Hilflosigkeit versetzte, die sie nicht verstand und aus der sie nicht wieder herausfand. Die Patientin war selbst in eine verzweifelte Lage geraten, sie war mit Suizidphantasien beschäftigt, machte ihrer Analytikerin aber keine Vorwürfe, im Gegenteil: Immer wieder betonte sie, wie sehr sie deren Bemühungen schätze. Diese gab sich in der Tat sehr viel Mühe, holte sich Rat in der Supervision, um in den nächsten Sitzungen vielleicht doch noch hilfreiche Interventionen anbieten zu können. In der Supervision fiel mir auf, wie angestrengt die junge Kollegin arbeitete, und für eine Weile ließ auch ich mich anstecken und versuchte, ihr hilfreiche Ratschläge zu geben. Allein, zur nächsten Supervisionsstunde kehrte sie ebenso ratlos zurück und versetzte mich in die gleiche Lage, in der sie sich gegenüber ihrer Patientin selbst auch befand. Wir haben dann gemeinsam versucht zu akzeptieren, dass wir uns hilflos fühlten, und die Versuche aufzugeben, der Patientin aus ihrer Hoffnungslosigkeit heraushelfen zu müssen. Das war für die junge Analytikerin sehr schwierig, weil sie einerseits die psychoanalytische Methode hoch idealisierte, andererseits aber auch fürchtete, den Erwartungen in der Ausbildung nicht gerecht werden zu können. Schließlich aber gelang es ihr doch einzusehen, dass sie der Patientin jetzt nicht helfen konnte – jedenfalls nicht dadurch, dass sie sich unendlich viel Mühe gab und immer neue „hilfreiche" Interventionen ersann. In einem Augenblick, in dem die Patientin wieder einmal von ihrer Hoffnungslosigkeit sprach, sagte sie ihr: „Ich glaube, wir beide sind jetzt ganz hilflos".

Diese Intervention erwies sich als hoch wirksam. Später berichtete die Patientin, dass sie sich in diesem Augenblick „wie angekommen" gefühlt habe, so als habe sie nach einer Zeit des unendlichen Fallens „endlich Boden unter den Füßen gespürt". Offenbar hatte sie ihrer Analytikerin die Aufgabe übertragen, gegen ihre innere Stimme anzukämpfen, die ihr das Recht zu leben absprach und gegen die sie sich selbst nicht wehren konnte. Für eine längere Zeit hatte sich ihr innerer Dialog in einen äußeren Dialog mit ihrer Analytikerin verwandelt, der sich so lange wiederholte, bis diese „aufgab", gegen ihre Hilflosigkeit, die auch die Hilflosigkeit der Patientin widerspiegelte, anzukämpfen.

Dieses Beispiel zeigt insofern eine kompliziertere Situation, weil sich die interpersonelle Übertragung nicht unmittelbar im gesprochenen Text erkennen lässt. Die Patientin zeigte sich niemals unzufrieden, machte ihrer Analytikerin keinerlei Vorwürfe, im Gegenteil: Sie sei dankbar für deren Bemühungen, sagte sie, auch wenn sie bisher „leider" noch nicht so recht erfolgreich seien. Trotzdem fühlte diese sich unter Druck gesetzt, wobei sie ihrer Patientin allerdings dadurch entgegenkam, dass sie das Gefühl von Ratlosigkeit in sich keinesfalls dulden wollte und deswegen nicht bereit war, einen ähnlichen Dialog in sich zu führen, wie ihn die Patientin erfolgreich externalisiert hatte.

Es wäre gewiss lohnend, die sprachlichen Dialoge derartiger projektiver Identifizierungen genauer zu analysieren, wie dies z. B. Buchholz et al.[110] mit den Redebeiträgen von Sexualstraftätern oder Bohnsack[111] am Beispiel der Gruppendiskussionen mit Rechtsradikalen unternommen haben. Auch Streeck[112] bietet sehr sensitive mikrosoziologische Untersuchungsmethoden an, um den latenten Gehalt in dialogischen Situationen zu erfassen. Zweifellos würde dann deutlich werden, was mit dem „pragmatischen" Aspekt der Sprache gemeint ist: dass jeder Sprechakt ja nicht nur „digital" Informationen übermittelt, sondern auch „analog" die Beziehung definiert und „pragmatisch" eine bestimmte Wirkung erzielen will.

An dieser Stelle will ich noch einmal meine Auffassungen über den Rahmen der analytischen Situation anführen, um die Wirkung einer interpersonalen Abwehr zu verdeutlichen. Der Patient muss den Rahmen der analytischen Situation entwerfen, weil es von Seiten des Analytikers kaum Vorgaben darüber gibt, „was hier eigentlich los ist". Dabei greift der Patient auf seine inneren „Formatvorlagen", also seine „working models" von Beziehungen zurück und wendet sie an.

Eine überaus schamanfällige Patientin gestand mir nach einer längeren Zeit der Analyse, dass sie, auf der Couch liegend, über viele Wochen von dem Gedanken erfüllt gewesen sei, ich machte mich heimlich über sie lustig, würde abfällige Grimassen schneiden angesichts ihrer idiotischen Äußerungen. Ich war entsetzt angesichts dieser Vorstellung, mir war nur aufgefallen, dass sich die Patientin im Sprechen sehr kontrolliert verhalten, sorgfältig formuliert und nur wenig Persönliches von sich preisgegeben hatte. Mit keinem Wort hatte sie mir „verraten", was sie über mich dachte, und dennoch hatte sie eine Auffassung vom Rahmen unserer Situation befolgt, die die Frage „Was ist hier eigentlich los?" mit einem „Hier wird man beschämt" beantwortete.

---

110   Buchholz MB, Lamott, F, Mörtl K (2008)
111   Bohnsack R (2011)
112   Streeck U (2004)

Es mag sein, dass ich in diesem Falle auch nicht sensibel genug war, die Schamanfälligkeit „hinter" der Zurückhaltung der Patientin zu erkennen. Vielleicht mochte ich die Zumutung, ein so abfällig urteilender Analytiker zu sein, nicht „auf mir sitzen lassen". Auch wenn es mir nicht aufgefallen war: Zweifellos hatte sie in ihrer Sprache ihre Auffassung vom Rahmen der Situation angezeigt. Immer kommentieren wir auch in alltäglichen sozialen Situationen unsere Auffassung vom aktuell zu beachtenden Rahmen mit der „Indexfunktion" unserer Sprache und natürlich auch mit unserer Gestik, Mimik und Körperhaltung.

Man könnte in kasuistischen Diskussionen die Frage „Um was für eine Übertragung handelt es sich?" ersetzen durch die Frage, wie der Patient den Rahmen der Situation definiert, was er bewusst und unbewusst glaubt, was „hier (in der analytischen Situation) eigentlich los ist". Die Antworten könnten dann lauten: „Hier kommt es darauf an, dass man seine Fehler und Schwächen zugibt" oder „Hier wird eine freundliche Beziehung vorgespiegelt, von der man sich aber nicht täuschen lassen darf", oder, schon sehr viel seltener: „Hier darf ich sicher sein, dass ich gemocht werde, einfach so, wie ich bin, ohne dass ich dafür etwas Besonderes leisten muss".

Bis hierher wollte ich erklären, dass die Aufgabe des Analytikers zunächst darin besteht zu verstehen, wie der Patient den Rahmen der gemeinsamen Situation entwirft, auf welche Weise er seinen Analytiker im Sinne einer interpersonalen Abwehr verwenden möchte. Dieses Verständnis gewinnt der Analytiker sehr selten in einer distanzierten Beobachtung, sondern eher über die Analyse seiner eigenen Mitwirkung. Dabei ist es gar nicht erst sinnvoll, die eigene Übertragung unterscheiden zu wollen von der Antwort auf die Übertragung des Patienten. Beide Seiten dieses Dialoges sind von vornherein aufeinander bezogen.

Abwehrdeutungen

Die Beispiele sollten auch veranschaulichen, dass wir auf den Versuch der Verwendung (im Beispiel: „Sie sollen meine Hoffnungslosigkeit besiegen, aber das werden Sie nicht schaffen") mit einer eigenen Abwehrbewegung reagieren. Denn jede Übertragung, jede interpersonelle Abwehr verwendet den Adressaten und stellt einen Angriff auf sein Selbstverständnis dar. Diese Zumutungen mögen zuweilen auch als Idealisierungen erscheinen, in der Mehrzahl der Fälle aber wollen unsere Patienten ja gerade diejenigen Eigenschaften projektiv adressieren, die sie bei sich nicht dulden können, weil sie sich vor ihnen fürchten oder für sie schämen: Ein sehr negatives Selbst („Auch Sie werden mich hassen"), ein sadistisches Über-Ich („Sie lachen insgeheim über mich, weil ich solch ein banales Zeug erzähle") oder eine sexuelle Phantasie („Wahrscheinlich glauben Sie, FKK hätte etwas mit Sexualität zu tun, aber das ist nur Ihre schmutzige, professionell verdorbene Phantasie").

Nehmen wir an, es gelingt dem Analytiker, seine eigenen Abwehrbewegungen zu verstehen und seine Verstricktheit zu durchschauen. Was nun? Die schlichteste (und unwirksamste) Methode, die Übertragung zu bearbeiten, besteht darin, den Patienten überzeugen zu wollen, dass er sich irrt. Auch in dieser Rubrik der Versuche, die Übertragung zu korrigieren, lassen sich noch einmal zwei Varianten unterscheiden: Die einfältigste Methode läge zweifellos darin, den Patienten durch ein aktives Handeln von seinem Irrtum überzeugen zu wollen. Dann würde der Analytiker z. B. betont freundlich auftreten, um den Patienten davon zu überzeugen, dass er ihn eben nicht hasst, sondern sympathisch findet. Patienten aber durchschauen dieses Rollenspiel regelmäßig. Selbst wenn sie dieses Manöver nicht durchschauen würden, wäre es doch wirkungslos, weil der Patient ja gar nicht über die Realität spricht und sich von „der Realität" auch nicht widerlegen lassen wird.

Eine weniger einfältige, aber immer noch problematische Methode liegt darin, Zweifel in die Überzeugung des Patienten zu säen. Der Analytiker sagt also: „Warum sind Sie sich so sicher, dass ich insgeheim über Sie lache? Sie wissen es doch gar nicht, aber Sie sind trotzdem überzeugt davon". Oder: „Sie sind sich so sicher, dass ich insgeheim über Sie lache. Könnten Sie sich vorstellen, dass Sie sich in diesem Punkt vielleicht irren?" Oder, noch zarter: „Sie scheinen anzunehmen, dass ich insgeheim über Sie lache".

Diese Interventionen gründen in der Theorie, dass Übertragungen vor allem als unzeitgemäßer Irrtum verstanden und dementsprechend auch korrigiert werden können. Das eigentliche Motiv für diesen Deutungstyp liegt aber wohl eher in dem Versuch des Analytikers, die eigenen unbewussten Antworten auf die Zumutungen der Übertragung abzuwehren, und zwar mit Hilfe einer Rationalisierung. Diese Interventionen sind Manifestationen eines Gegenübertragungswiderstandes. Sie vermögen die interpersonale Abwehr des Patienten nicht aufzuheben, weil das Abgewehrte nicht dadurch schon annehmbar wird, dass sein Ergebnis, also die Fehlwahrnehmung benannt wird. Die wesentliche Frage, wozu der Patient seinen Analytiker z. B. in die Rolle eines Sadisten drängen will, stellt sich so noch nicht.

Eine weitere Gruppe von Übertragungsdeutungen, die wenig geeignet sind, die interpersonelle Abwehr aufzulösen, habe ich[113] als „Arbeit *an* der Übertragung" bezeichnet. Der Analytiker hört zu, wie der Patient über seine aktuellen Konflikte spricht, erzählt z. B. von einem enttäuschenden Gespräch mit seinem Vorgesetzten. Der Analytiker fragt sich, ob der Patient (unbewusst?) auf ihre etwas konflikthafte Beziehung anspielt, ist sich aber unsicher und wartet ab. Wenn der Patient aber mit einer sehr ähnlichen Episode fortfährt, fasst sich der Analytiker ein Herz und sagt etwa: „Die Konflikte, die Sie eben beschrieben haben, die erleben Sie hier doch auch." Charakteristisch für diese Deutungen ist das Wörtchen „auch", das den Sprung von der Realität dort und damals zur Beziehungssituation hier und jetzt wagt. Die Patienten reagieren nicht selten überrascht, aber im günstigen Falle werden sie, falls die Parallele überhaupt zutrifft, aufmerksam und beschäftigen sich mit ihren Beziehungsphantasien hier und jetzt.

Eine sehr problematische Variante dieser Deutungen „an" der Übertragung springt aus der Situation „hier und jetzt" in ein „Dort" oder gar in ein „Dort und Damals". Sagt z. B. der Analytiker: „Sie glauben, dass ich neidisch bin auf Ihre sexuellen Beziehungen. Aber das gleiche Gefühl hatten Sie bei Ihrem Vater doch auch". Es mag ja durchaus sein, dass der Analytiker Recht hat mit seiner Rekonstruktion, aber er verlagert doch den Fokus der Betrachtung von seiner Person auf die des Vaters und vermittelt den Eindruck, dass die Quelle des Problems dort und nicht bei ihm zu suchen wäre. Die Angst vor dem Neid des Vaters/des Analytikers lässt sich aber nicht gut im „Dort und Damals" durcharbeiten.

Man kann die thematischen Zusammenhänge von Übertragungskonflikten heute und ihren biografischen Vorläufern damals wie das Zueinander von einem Text und seinem Kontext auffassen. Wenn wir „in" der Übertragung arbeiten, dann sind die Erinnerungen an den neidischen Vater der Kontext, in dem sich die Übertragung hier und jetzt verstehen lässt. Wenn wir „an" der Übertragung arbeiten, bildet die Übertragungssituation nur den Kontext für das Verständnis für die frühen Erfahrungen des Patienten mit seinem Vater.

Zur Erläuterung noch einmal ein Beispiel: Ein Patient war in einen Loyalitätskonflikt geraten, weil er sich auf der einen Seite von seiner

---

113 Körner J (1989), Körner J (2012)

Frau gedrängt fühlte, mit ihr eine Woche in Urlaub zu fahren, auf der anderen Seite aber wollte er nicht den Eindruck erwecken, der Urlaub mit seiner Frau sei ihm wichtiger als die Analyse. In den Stunden, in denen er sich mit diesem Konflikt beschäftigte, erinnerte er sich an die lautstarken Auseinandersetzungen zwischen seinen Eltern, die ihn als Kind sehr geängstigt hatten, und seine verzweifelten Versuche, es möglichst beiden recht zu machen. Das aber konnte nicht gelingen, weil beide Eltern von ihm verlangten, sich immer wieder für einen von beiden zu entscheiden und sich damit vom anderen abzuwenden. Er habe nie gewusst, wie er sich richtig verhalten könnte.

Auch hier liegt eine rekonstruktive („genetische") Deutung nahe, aber auch hier kann man die zwei eben erwähnten Varianten unterscheiden. In der ersten möglichen Variante sagt der Analytiker: „Unser Konflikt hat Sie sehr beunruhigt. Sie fühlen sich an die Streitereien zwischen Ihren Eltern erinnert und stellen sich vor, heute noch so hilflos zu sein wie damals." In der zweiten möglichen Variante sagt der Analytiker: „Sie haben damals sehr gelitten unter diesen Zerwürfnissen, so dass Sie heute noch in Panik geraten, wenn Sie sich entscheiden müssen, in diesem Falle zwischen mir und Ihrer Frau."

In der ersten Variante benutzt der Analytiker den Hinweis auf die frühe Erfahrung des Patienten als Kontext, in dem seine Hilflosigkeit hier und jetzt verständlich wird. In der zweiten Variante ist es umgekehrt: Hier bildet das Übertragungsgeschehen den Kontext, der die frühe Beziehungserfahrung mit den Eltern erläutert. Diese beiden Varianten sind einander sehr ähnlich, aber sie führen zu unterschiedlichen Strategien im Dienste der Veränderung: Im ersten Falle („in" der Übertragung) könnte der Patient versuchen, für seinen Konflikt hier und jetzt in der Übertragungssituation eine andere, ihm heute gemäße Lösung zu suchen. Im zweiten Falle („an" der Übertragung) läge es ihm nahe, die nach wie vor wirksame Erfahrung der frühen Kindheit um ihren Einfluss zu bringen, z. B. dadurch, dass er von seinen Eltern erwartete, sich zu ändern oder zumindest ihren missbräuchlichen Umgang mit ihm damals einzuräumen und sich zu entschuldigen.

Die Vorleistung des Analytikers

Alle die hier aufgezählten Varianten, die objektivierende Haltung vom Typ „Sie irren sich", die Arbeit „an" der Übertragung und die Abweisung in die Biografie dienen in der Regel einem Gegenübertragungswiderstand, mit dem der Analytiker seine „antwortenden" Gefühle, Phantasien oder Gedanken abwehren will. Dass diese Abwehr verständlich ist, sollten die Beispiele dieses zurückliegenden Kapitels illustrieren: das Gefühl der Hilflosigkeit oder die Zumutung, von der Patientin als Sadist erlebt zu werden. Zweifellos dient die Lehranalyse im Rahmen der analytischen Ausbildung dazu, dem Analytiker zu ermöglichen, seine Verstricktheit in die Übertragung des Patienten und seine eigenen Übertragungsneigungen zu erkennen und durchzuarbeiten. Ferner vertrauen wir natürlich darauf, dass die begleitende Supervision hilfreich sein kann – sofern der Supervisor nicht in dieselbe Übertragungsfalle gerät wie schon zuvor der Supervisand, also der behandelnde Analytiker. In meinem Beispiel von der jungen Kollegin, die das Erleben von Hilflosigkeit abwehren musste, dauerte es eine Weile, bis ich verstanden hatte, dass auch ich mit meinem Eifer bemüht war, meine Ratlosigkeit abzuwehren.

Die „Vorleistung" des Analytikers besteht also zunächst darin, den „unmöglichen" Dialog, den der Patient als interpersonelle Abwehr externalisiert, bewusst zu erleben. Dabei ist „erleben" wörtlich gemeint: Es genügt nicht, sich zu sagen, dass mich die eine Patientin für einen Sadisten hält oder dass mich die andere wie einen Lakaien herumkommandiert oder die dritte so kontrolliert, dass ich es nicht wage, mit eigenen Einfällen zur Geltung zu kommen. Sondern der Analytiker muss erleben und fühlen, dass er jetzt zumindest für die Patientin ein Sadist *ist* und dass er ein Lakai *ist*, den man herumkommandieren kann, und dass er sich nicht traut, eigene Einfälle vorzubringen. Was für ein Unterschied ist es, sich zu *denken*, dass mich die Patientin kontrollieren möchte, oder die Angst zu *fühlen*, etwas Eigenes sagen zu wollen und damit die Wut der Patientin auf sich zu ziehen!

Natürlich erlebt der Analytiker nicht einen identischen inneren Konflikt wie sein Patient, sonst würde er womöglich ähnlich scheitern wie sein Patient bis hierher. Dergleichen geschieht nur in den seltenen Fällen einer Kollusion über ein gemeinsames Thema, wenn z. B. sowohl der Patient als auch sein Analytiker von dem Gedanken erfüllt sind, dass man keinesfalls sadistisch sein darf. In der Regel, so hoffen wir, muss der Analytiker das vom Patienten Projizierte nicht abwehren, und er kann sich erlauben, sich wie ein Sadist zu fühlen. Man kann sagen, der Analytiker „verkostet"[114] die Übertragung, genauer gesagt, das Abgewehrte, und es muss offen bleiben, wie weit dieses

---

114 Körner J, Rosin U (1985), S. 38

„Verkosten" gehen muss, damit der Analytiker erspürt, wovor der Patient sich fürchtet, ohne selbst in Gefahr zu geraten, einfach mit zu agieren.

Es ist aber wohl auch klar geworden, dass sich der Analytiker berühren lassen muss, um die abgewehrten Seiten des Patienten zu erleben. Erst musste ich meine Angst spüren, die Patientin mit eigenen Einfällen zu verärgern, bevor ich verstehen konnte, was die Patientin befürchtete, und erst musste die junge Kollegin erleben, wie sie sich gegen ihre eigene Hilflosigkeit wehrte, um dann akzeptieren zu können, was die Patientin in sich selbst nicht dulden darf. Und meine Intervention „Da haben Sie mich ja ganz schön herumgeschickt" sollte der Patientin vermitteln: Ich kann mir erlauben, mich wie ein Lakai zu fühlen, und wollen Sie sich nicht den Wunsch, andere beherrschen zu wollen, auch erlauben? Tatsächlich hatte die Patientin dann ihre leicht sadistischen Phantasien „ausgepackt" und diese schließlich integrieren können. Das in etwa hatte Loch gemeint, wenn er davon sprach, dass sich der Heilungsprozess zunächst im Analytiker ereignen müsse, „bevor er sich im Patienten realisieren kann"[115].

Viele Autoren haben sich mit der „Vorleistung" des Analytikers beschäftigt. In den 50er Jahren prägte Winnicott den Begriff der natürlichen „holding function", mit der eine empathische Mutter die Affektzustände ihres Kindes aufnimmt und (er)trägt. Die moderne Forschung über die Mutter-Säuglingsbeziehung hat Winnicotts Konzept bestätigt und weiterentwickelt. Heute wissen wir, dass die feinfühlige mütterliche Antwort, mit der sie einen Affekt ihres Säuglings „markiert"[116], die mentale Entwicklung des Kindes, insbesondere die Fähigkeit zur Mentalisierung und Affektregulierung, anregt und fördert. Die Analogie zu den mentalen Prozessen im Verlauf einer analytischen Psychotherapie liegt durchaus nahe: Der Analytiker versucht, sich in die gefürchteten Affektzustände, z. B. in die Verlassenheitsangst seiner Patientin einzufühlen, ohne deren Abwehr zu wiederholen. Indem er über diese Affekte ruhig spricht, entgiftet er sie wenigstens soweit, dass die Patientin sie vielleicht in sich selbst enthüllen und akzeptieren kann.

Bions Container-Contained-Modell[117] fügt Winnicotts Beschreibung des einfühlsamen „Haltens" einen mentalen Vorgang der aktiven Verarbeitung hinzu, mit der negative Affekte „transformiert" und „dekontaminiert" (oder „verdaut") werden. Dieses Modell basiert

---

115 Loch W (1974), S. 442
116 Fonagy P, Gergely E, Jurist EI, Target M (2004)
117 Lazar RA (1993)

allerdings auf weitreichenden Vorannahmen über die mentalen Fähigkeiten und Aktivitäten eines Säuglings, die empirisch nur schwer zu belegen sein werden. Vielleicht genügt es auch, das Container-Modell als Metapher zu verwenden, um ein einprägsames Bild für den Vorgang zu finden, dass ein Analytiker die gefürchteten Affektzustände des Patienten erlebt, erträgt und „annehmbar" macht.

Eine Supervisandin[118] entwickelte in der Arbeit mit einer klugen und reflektierten Patientin eine – vielleicht nicht ganz unriskante – Deutungstechnik, vorbewusste Befürchtungen der Patientin unverblümt, also ohne konjunktivische Abschwächungen („Könnte es sein, dass Sie fürchten …?"), zum Ausdruck zu bringen. Hierzu ein Beispiel aus einem Stundenprotokoll von ihr.

Die Analytikerin hatte die Termine ihres Sommerurlaubs bekannt gegeben. Wenig später kündigte die Patientin überraschend an, dass sie danach mit ihrem Sohn für eine Woche wegfahren will.

> Patientin: …. „Also das wäre dann eine Woche, nachdem Sie wieder da sind."
> Analytikerin: „Also jetzt bin ich ein wenig erstaunt".
> P.: „Wieso?"
> A.: „Sie sagen mir gerade, dass Sie, wenn die Analyse wieder anfängt, nach der langen Sommerpause, nach einer Woche wegfahren?"
> P.: „Ja und?"
> A.: „Es scheint so zu sein, dass da gar kein Raum ist, darüber nachzudenken, ob das günstig ist für Ihre Analyse. Sie haben das einfach festgelegt."
> P.: „Also ich verstehe das einfach nicht. Ich sage Ihnen jetzt, extra früh, damit es nicht zu spät für Sie ist […] Es ist alles total behämmert, aber was soll ich denn machen? […] Diese Freundin hat uns das angeboten, dass wir zusammen in ihre Wohnung am Meer fahren und ich will auch endlich mal wieder Urlaub machen!"
> A.: „Und ich gönne es Ihnen nicht. Fahre selbst jetzt aber vier Wochen in Urlaub."
> P.: (lacht) „Ja."

Wenn dem Analytiker diese Vorleistung, nämlich die Integration des Abgewehrten gelingt, kann er versuchen, seinem Patienten die Übertragung zu deuten und damit das Abgewehrte zu benennen. Wir müs-

---

118 Ich danke P. Andreas für die Überlassung des Stundenprotokolls.

sen immer damit rechnen, dass eine Übertragungsdeutung den Patienten beunruhigt, denn das Abgewehrte, vor dem er sich fürchtet, wird ihm unmittelbar vor Augen geführt. Aber wenn das dadurch etwas von seinem Schrecken verliert, kann sich der Patient verstanden fühlen und versuchen, das Gefürchtete zu integrieren: Die eine Patientin akzeptiert ihre Verlassenheitsangst, die zweite beginnt, mit ihrem sadistischen Über-Ich zu verhandeln, und die dritte darf sich und ihrer Analytikerin eingestehen, dass sie ganz hoffnungslos ist.

Erfahrungsgemäß ereignen sich derartige Veränderungen nur selten schlagartig, sondern zumeist langsam in kleinen Schritten vor und zurück. Das Beispiel des Patienten, der immer heftiger beteuerte, dass es zwischen uns doch keine emotionale Beziehung geben könne, sollte ja den Fall illustrieren, dass die Abwehr zeitweilig anwachsen kann, während der Widerstand sinkt. Der Patient wehrte sich umso heftiger gegen die Einsicht in seine emotionale Abhängigkeit, je mehr er sich ihr näherte. Schließlich muss auch mit „negativen therapeutischen Reaktionen" gerechnet werden, also mit überraschenden Rückschritten des therapeutischen Prozesses, insbesondere gegen Ende der gemeinsamen analytischen Arbeit oder einfach schon dann, wenn wesentliche Einsichten schon gesichert zu sein scheinen. Von allen Erklärungen für dieses Phänomen[119] scheint mir diejenige die plausibelste zu sein, die die negative therapeutische Reaktion mit der Angst des Patienten vor der Trennung vom Therapeuten begründet.

Schließlich: Welchen Beitrag leistet die Analyse der interpersonellen Abwehr zum therapeutischen Erfolg? In der klassischen Auffassung geht es in der analytischen Arbeit darum, das Ich zu stärken, seinen Einfluss auf das Es und das Über-Ich auszuweiten, Unbewusstes bewusst zu machen, dadurch die Fähigkeit zur Reflexivität zu erhöhen und Handlungsfreiheit hinzuzugewinnen. Diese Sichtweise konzentriert sich ganz auf die Person des Patienten und reduziert die Rolle des Analytikers auf die eines Katalysators oder sogar, wie Rangell[120] einmal ernsthaft vorschlug, auf die des Schiedsrichters beim Tennis.

Parallel zur Einführung bzw. Verbreitung der Objektbeziehungstheorien entwickelten sich die interpersonellen Abwehrkonzepte. Damit verwandelte sich die Arbeit des Analytikers an „der" Abwehr des Patienten in die gemeinsame Aufgabe der Verständigung über ihre Beziehung im Rahmen der analytischen Situation. Dem therapeutischen Dialog korrespondiert ein innerer Dialog des Patienten. Ziel in

---

119 Freud S (1923), Übersicht bei Klug G (2008)
120 Rangell L (1954)

beiden Dialogwelten ist die Integration[121] des Abgewehrten: Auf der intrapsychischen Ebene soll die Versöhnung dissoziierter Teilobjekte[122] gesucht werden, auf der interpersonellen Ebene „die Bildung einer gemeinsamen Welt (als schöpferisches Drittes) zwischen Patient und Therapeut"[123]. Konkret stellen wir uns vor, dass der Patient seine Auffassung von der therapeutischen Beziehung (und vom Rahmen der Situation), wie z. B. „Hier geht es wieder darum, dass ich verlassen werde", mit dem Beziehungsentwurf des Analytikers abgleicht und dass sie versuchen, eine neue, gemeinsame Auffassung über ihre Situation zu entwickeln, die gleichzeitig eine innerseelische Integration anzeigen könnte. Wie sähe diese aus? Der Patient versteht, dass er vom Analytiker erwartet, verlassen zu werden, und dass er ihn kontrolliert, um diese Angst zu bannen. Der Analytiker widersteht der Verführung, diese Rolle auszuspielen, indem er sich vom Patienten abwendete und kann seine Sicht der Beziehung anbieten: Ich fühle, wie sehr ich kontrolliert werde, aber ich erlebe auch, wie es sich anfühlt, verlassen zu werden. Der Patient versteht: Ich darf den Analytiker kontrollieren, vielleicht darf ich mir darum auch erlauben, auf die Kontrolle zu verzichten und mich meiner Verlassenheitsangst nähern.

---

121 Daser E (1994), Grande T (2008)
122 Kernberg O (1997)
123 Daser (2008), S. 360

6. Vorlesung
Abwehr an der Schnittstelle von Individuum und Kultur

Zu Beginn dieses Kapitels möchte ich noch einmal die Behauptung aufgreifen, dass das Ich im „Abwehrkampf" nicht nur als „Verlierer" hervorgeht (indem es seine Einsicht in die eigenen Motive verliert), sondern auch ein „Gewinner" sein kann (indem es ein „blindes" Verständnis für den Rahmen sozialer Situationen gewinnt und zumindest im Falle der Sublimierung einen Zuwachs an Befriedigungsmöglichkeiten erkämpft). Beide Seiten will ich im Folgenden eingehender untersuchen, zunächst im Hinblick auf die Biografie eines Individuums, anschließend in der historisch-anthropologischen Makroperspektive.

Der „Verlierer" im „Abwehrkampf" ist rasch noch einmal zu charakterisieren: Das Individuum, das sich gezwungen sieht, radikale, „primitive" Abwehrmechanismen wie Spaltungen, Verleugnungen, Wendungen gegen die eigene Person zu ergreifen, um sich vor gefürchteten Gedanken, Gefühlen oder Phantasien zu schützen, und das vielleicht auch „lärmende" Symptome hinzubemüht, um seine Abwehr zu sichern. Derart in seiner Erlebens- und Handlungsfreiheit eingeschränkt, erscheint es vor allem dem äußeren Betrachter unfrei und „charakterneurotisch"[124] festgelegt. Der Verlierer im Abwehrkampf ist das Subjekt in der psychoanalytischen Behandlung, also der Patient, der sich von seinen Einschränkungen befreien will, der sich selbst besser verstehen und Handlungsfreiheit zurückgewinnen will. Ohne diese Patienten gäbe es die Psychoanalyse nicht; sie haben, strenggenommen, die Psychoanalyse und auch ihre Methode[125] erfunden,

---

124 Hoffmann SO (1979)
125 Ich erinnere nur an Emmy von N. aus den Studien über Hysterie (Freud, 1895), „die recht mürrisch (sagte), ich solle nicht immer fragen, woher das und jenes komme, sondern sie erzählen lassen, was sie mir zu sagen habe" (S. 115).

6. Vorlesung: Abwehr an der Schnittstelle von Individuum und Kultur

weswegen die Psychoanalyse induktiv, also aus der Praxis heraus entstanden ist.

Die Psychoanalyse fand also ihren Ausgangspunkt auf der Verliererseite der Subjektentwicklung, bei den schwer erkrankten Patienten. Das ist vielleicht wichtig festzuhalten, bei aller Begeisterung über die Psychoanalyse als die Theorie des zivilisatorischen Gewinns, dem ich mich im Folgenden zuwenden werde.

Nun also zur Gewinnerseite: Ausführlich habe ich beschrieben, wie wir alle gelernt haben, den Rahmen sozialer Situationen dadurch zu achten und zu bestätigen, dass wir nicht nur mehr oder weniger bewusst wissen, welche Regeln auch der Konversation und der Interpretation in der jeweiligen sozialen Situation gelten, sondern wir wirken auch konstruktiv mit, indem wir abwehren, was „aus dem Rahmen fallen" würde, so dass wir z. B. nicht phantasieren, wie lüstern oder sadistisch unser Hausarzt gestimmt ist, der uns invasiv untersucht. Wir sind auch hinreichend sicher, dass das Geschehen auf der Theaterbühne wirklich nur Fiktion ist, weil wir sonst auf die Bühne stürzen und Zerlina überzeugen müssten, dass sie sich keinesfalls auf Don Giovanni einlassen darf, man weiß doch, wo so etwas bei dem endet. Die traumwandlerische, unbewusst hergestellte Sicherheit, mit der wir uns in den uns vertrauten sozialen Situationen bewegen und die Sensibilität, mit der wir Rahmenverletzungen wahrnehmen, können wir auf der Gewinnerseite verbuchen. Zweifellos ist es ein „Gewinn", dass wir uns nicht immer wieder aufs Neue fragen müssen, „was hier eigentlich los ist", sondern dass wir uns in den meisten sozialen Situationen sicher fühlen und daher frei sind für neue Erfahrungen.

Die Abwehrformen, die den Rahmen einer Situation stabilisieren, indem sie unbewusste Phantasien, die „aus dem Rahmen fallen" würden, ausschließen, sind weniger radikal – jedenfalls dann, wenn es sich um alltägliche soziale Situationen handelt und nicht um „heilige" Rituale, die durch besonders stabile Abwehrformen gestützt werden müssen. Über elastische und durchlässige Abwehrformen kann man verhandeln und kann auch versuchen, Vorschläge zur Umgestaltung vorzubringen. Dadurch ändern sich die Rahmen sozialer Alltagssituationen, wie das folgende Beispiel illustrieren soll.

Der Rahmen von Universitätsseminaren z. B. hat sich in den letzten 50 Jahren deutlich gewandelt: Heute z. B. ist es üblich, dass viele Studierende große Wasserflaschen mitbringen und vor sich auf die Tische stellen. Das wäre in den siebziger Jahren des vorigen Jahrhunderts aus dem Rahmen gefallen und der Student, der seine Wasserflasche vor sich hin gestellt hätte, wäre gefragt worden, ob er in diesem Seminar mit

6. Vorlesung: Abwehr an der Schnittstelle von Individuum und Kultur

einer längeren Durststrecke rechnete, so dass er meinte, sich verproviantieren zu müssen. Umgekehrt war es damals durchaus üblich, dass Dozenten in ihren Seminaren rauchten; würde das einer heute wagen, fiele das so weit aus dem Rahmen, dass die Studierenden nicht einmal darüber nachdächten, ob sich denn der Seminarleiter irrte, sondern sie wären sich fast sicher, dass es sich hier um ein Experiment handeln müsse – womit der Rahmen ja wiederum bestätigt wäre.

Weil eine elastische Abwehr durchlässig bleibt und weil sie die Ahnung für das Abgewehrte nicht radikal beseitigt und damit „unmöglich" macht, bleiben uns spielerische Möglichkeiten, über die Abwehrschranke hinweg wenigstens zu phantasieren: Der Frisörkunde stellt sich die Handgriffe während der Kopfmassage als zärtliche Berührungen vor, und der Besucher in der Oper spürt den Wunsch, Don Giovanni wenigstens einmal erfolgreich sehen zu wollen oder aber Zerlina für dieses eine Mal beizustehen – zweifellos wäre sie bei ihm besser aufgehoben. Wir sind eben nicht ganz sicher, dass das Geschehen auf der Bühne wirklich nur Fiktion ist, sonst nämlich würde uns das Theater ganz „kalt lassen". Kurzum: Die Abwehr, die unsere Auffassungen vom Rahmen stützt, macht uns sicher in den vielen sozialen Situationen, die wir kennen. Aber sie ist in den meisten Fällen durchlässig genug, dass wir über den Rahmen hinweg phantasieren und über eine Ausgestaltung verhandeln können.

Sublimierungen

Weiter haben wir gesehen, dass uns die besondere Abwehrform der Sublimierung zu Gewinnern macht, weil wir unsere Triebziele und -objekte ausdifferenzieren und unsere Befriedigungsmöglichkeiten vervielfachen. Am Beispiel der modernen Esskultur sahen wir, wie zahlreiche, tief gestaffelte Abwehrvorgänge einen ursprünglich primitiven oralen Triebwunsch in eine große Palette von Genusserlebnissen verwandeln. Ganz analog haben wir auch aggressive Strebungen sublimiert, man denke nur an den Sport (Speerwurf!) oder das Schachspiel als extrem sublimierte Form einer Kriegsführung. Wie selbstverständlich haben wir auch gelernt, sexuelle Triebwünsche zu sublimieren, ihre Triebziele und Triebobjekte zu vermehren und dadurch unsere Befriedigungsmöglichkein zu steigern.

Der wünschenswerte Fall einer gelungenen Sublimierung führt zur Ausbildung sozial angemessener Befriedigungsmöglichkeiten, in denen der Triebwunsch möglicherweise verborgen ist, aber doch zur Geltung kommen kann. Von diesem Ideal kann man nach zwei Seiten hin abweichen, beide Fälle führen zu Anpassungsproblemen: Der „untersublimierte" Typ findet sich in Situationen nicht zurecht, deren Rahmen von starken Abwehrmechanismen gestützt werden muss. Zahlreiche Beispiele hierzu finden wir in unserer[126] Arbeit mit dissozialen und delinquenten Jugendlichen, die schon die Situation der pädagogischen Betreuung als schwer erträgliche Bevormundung erleben und die den Rahmen einer Situation „Gespräch beim Berater der Agentur für Arbeit" oder der „Gerichtsverhandlung" subjektiv auslegen („Hier geht es ausschließlich darum, kritisiert und bestraft zu werden) und damit in schwere Konflikte geraten.

Zur anderen Seite hin finden wir die Fälle der übersublimierten Abwehr, die von dem eigentlichen Triebimpuls nichts mehr übrig lassen will. Z. B. kann man seine Essrituale soweit verfeinern, dass der Wunsch, satt zu werden, verschwindet hinter der Freude an der Ästhetik kleinster, artifiziell zugerichteter Portionen auf dekorativen, aber weitgehend leeren Tellern[127]. Eine solche Entwicklung, die von der Triebbefriedigung weit weg führt, kann sich auch umkehren und ganz plötzlich in eine Entsublimierung umschlagen, welche die Regeln des kultivierten Benehmens „vom Tisch fegt" und nur noch die unmittelbare Triebbefriedigung sucht[128]. Vielleicht gründet z. B. der Erfolg des „Fast Food" auch in dem Versprechen, einfach aus der Hand in den Mund „reinhauen" zu können. Messer und Gabel sind nicht nötig, und selbst das Kauen scheint halbwegs überflüssig zu sein.

Es ist typisch für die psychoanalytische Betrachtung konflikthafter Entwicklungsschritte, in diesem Falle des Konfliktes von Triebwunsch und Abwehr, dass keine von beiden Seiten „gewinnen" darf, dass wir also mit Über- und Untersublimierungen rechnen müssen und dass es nicht möglich ist, einen idealen oder auch nur „normalen" Ausgang dieser Konflikte zu definieren.

Im Folgenden werde ich mich zunächst mit der Frage befassen, auf welchen Wegen ein Kind diese Abwehrformen entwickelt, und dann darlegen, wie wir uns in der historisch-anthropologischen Perspektive die Entwicklung der modernen Persönlichkeit mit ihren vielfachen Abwehrmechanismen vorstellen können. Also: Wie lernt ein Kind die

---

126   Körner J, Friedmann R (2005)
127   Vor mehr als 100 Jahren konnte man in Luxusrestaurants zuweilen die Vorspeise „Nachtigallenzungen auf Eis" bestellen; man darf nur hoffen, dass es nicht wirklich die Zungen dieser Singvögel waren ...
128   und sozusagen „die Sau rauslässt".

6. Vorlesung: Abwehr an der Schnittstelle von Individuum und Kultur

hochsublimierte Form der Esskultur? Wie lernt es, darauf zu verzichten, dem Bruder das Essen vom Teller zu nehmen? Wie lernt es, selbst diesen Wunsch unbewusst zu halten, und wie lernt es vielleicht sogar, sich in seiner Bescheidenheit wohl zu fühlen?

Zunächst: Selbstverständlich muss es die Regeln kennenlernen, die im Rahmen der Situation „Wir essen gemeinsam" gelten, also Erwachsene vorfinden, die diese Regeln nicht nur erklären, sondern – das ist noch wichtiger – selbst auch vorleben. Sonst scheitert der Prozess einer gelingenden Sublimierung schon daran, dass dem Kind der Rahmen, den es beachten soll, gar nicht recht vertraut gemacht wurde[129]. Im positiven Falle lernt das Kind recht schnell, welche Regeln in der Situation „Wir essen gemeinsam" gelten; das sind einfache Lernprozesse, die lerntheoretisch gut zu beschreiben sind. In ihnen wirken Belohnungs- und Bestrafungssysteme mit, die gezielt und erfolgreich eingesetzt werden können. Ein Kind lernt also auf diesen Wegen, die Normen der Bescheidenheit zu beachten. Aber dieser Lernprozess reicht nicht aus, um auch den Wunsch, gierig zuzulangen und alles sofort für sich haben zu wollen, so wirksam abzuwehren, dass sich das Kind nicht immer wieder mit großem psychischem Aufwand gegen ihn entscheiden muss. Für die stabile Abwehr braucht es ein stärkeres Motiv: Es ist der Wunsch, Scham- oder Schuldgefühle zu vermeiden, also Gefühle, die einem drohen, wenn man ein anspruchsvolles Ich-Ideal und ein aufmerksames Über-Ich entwickelt hat.

Psychoanalytiker haben sich schon oft mit der Entstehung und Ausformung des Über-Ichs und seiner Sub-Struktur des Ich-Ideals beschäftigt[130]. Während sich das Über-Ich aus einer Reihe normativer Handlungsregeln zusammensetzt (positiv z. B. als „Hilf dem Schwachen" und negativ als „Du darfst nicht lügen"), versammelt das Ich-Ideal Vorstellungen, wie wir im idealen Falle sein sollten. Auf eine kurze Formel gebracht: Das Über-Ich sagt uns, wie wir *handeln* sollen, das Ich-Ideal sagt uns wie wir (eigentlich) *sein* sollten – aber vielleicht nur selten sind.

In der Entwicklung des Ich-Ideals und des Über-Ichs orientieren sich Kinder an den Erwartungen und normativen Vorstellungen ins-

---

129 In unserer Arbeit mit dissozialen Jugendlichen begegnen wir häufig jungen Menschen, denen der Rahmen wesentlicher Situationen des sozialen Alltags (Sprechstunde bei einer Behörde, Bewerbungsgespräch um einen Arbeitsplatz) fremd geblieben sind. Man kann ihnen in diesen Fällen wohl kaum den Vorwurf zu geringer Sublimierungsleistungen machen.

130 Vgl. die sehr informative Übersicht bei Mertens W (2008)

besondere der Eltern, aber auf unterschiedliche Weise: Wenn ein Kind im Rahmen seiner Über-Ich-Entwicklung z. B. mit acht oder neun Jahren ein „konventionelles" moralisches Bewusstsein[131] entwickelt, orientiert es sich an seiner Idee: Wie handelt ein guter Junge/ein gutes Mädchen? Dieser Bezugspunkt ist natürlich stark von den Vorstellungen seiner Eltern über ein „gutes Kind" geprägt, aber wenn diese ihrem Kind erlauben, seine moralische Entwicklung in Grenzen auch selbst zu entwerfen, gewinnt es eine „autonome" Moral, d. h., es ist sich seiner Moralvorstellungen auch dann sicher, wenn es gerade nicht von anderen beobachtet und kontrolliert wird. Es handelt bezogen auf sein Über-Ich, dessen Inhalte („Wie ist ein gutes Kind?") und auch deren Herkunft („Mein Onkel fand, dass eine Notlüge erlaubt sein darf, und so sehe ich es auch") durchaus bewusstseinsfähig sind. Ich glaube nicht, dass dieses Über-Ich eine starke Quelle für die Entwicklung von Abwehrprozessen und speziell der Sublimierung ist.

Das Ich-Ideal hingegen gründet, wie wir seit Freud (1914) glauben, in einem infantilen Narzissmus, also in einer frühkindlichen Vorstellung von eigener Vollkommenheit und Grandiosität. Dementsprechend hoch sind die Erwartungen und dementsprechend schmerzhaft die inneren Sanktionen, wenn das Ich-Ideal wieder einmal verfehlt wurde. Verstöße gegen das Über-Ich lösen Schuldgefühle aus, die sich – im günstigen Fall – auf die tatsächliche moralische Verfehlung begrenzen. Verfehlungen vor dem Ich-Ideal hingegen wecken Schamgefühle, die die Persönlichkeit durchfluten und schwer zu bewältigen sind. Ich vermute, dass die heftigen Schamgefühle aufgrund von Verfehlungen des Ich-Ideals komplexe Abwehrleistungen und auch Sublimierungen erzwingen.

Die Rolle der frühen Bezugspersonen bei der Entwicklung des Ich-Ideals ist heute umstritten. Freuds Auffassung, dass das Ich-Ideal aus einem infantilen Narzissmus hervorgeht, hat zwar noch Bestand. Aber gewachsen ist doch auch die Einsicht, dass die Eltern mit ihren narzisstischen Projektionen und Delegationen nachhaltig zu einem hohen Ich-Ideal beitragen. Schon Kohut sprach von einem „virtuellen Selbst", mit dem die Mutter den Säugling ausstattet, lange bevor dieser ein Selbst-Bewusstsein entwickelt. Und wenn man der Auffassung von Mertens[132] folgt, dass sich erst in der Adoleszenz ein „einigermaßen kohärentes Ich-Ideal" entwickelt, verliert der Einfluss des

---

131 Kohlberg L (1996)
132 Mertens W (2008), S. 322

infantilen Narzissmus im Aufbau des Ich-Ideals vielleicht an Bedeutung.

Zurück zu der Frage, auf welchen Wegen ein Kind die Abwehrformen – insbesondere die der Sublimierung – entwickelt, die es ihm ermöglichen, sich in einer hoch entwickelten Kultur zurechtzufinden. Wir sind zu der Vermutung gelangt, dass es die Ansprüche des Ich-Ideals sind, die mit Beschämung drohen und das Kind zur Anpassung zwingen. Selbstverständlich wirken auch hierbei die Eltern mit – nicht nur dadurch, dass sie normative Vorgaben darüber machen, wofür man sich schämen muss und wofür nicht, sondern sehr viel wirksamer und nachhaltiger dadurch, dass sie ihren Säugling bis ins Übermaß idealisieren, die Erwartungen an ihn in schwer erreichbare Höhen schrauben und ihr Kind dadurch erst sehr schamanfällig machen.

Ein Patient mit einer narzisstischen Persönlichkeitsstörung erzählte eine Geschichte, die ihn die Kindheit über begleitet hatte: Als sich seine Geburt einige Tage vor dem errechneten Termin mit starken Wehen ankündigte, fuhren seine Eltern rasch ins Krankenhaus, wo sie eigentlich noch nicht erwartet werden konnten. Dort aber sei „das halbe Krankenhauspersonal" vor den hell erleuchteten Eingang geeilt, denn „jemand" habe angerufen und angekündigt, dass nun eine besondere Entbindung anstünde. Im Dunkeln blieb, wer angerufen haben könnte, und seine Eltern gaben ihm mit einer geheimnisvoll-wissenden Miene zu verstehen, dass da „von oben" jemand für ihn interveniert habe. Man habe eben auf einen ganz Besonderen zu warten gehabt. Der so angekündigte Säugling: Welche Erwartungen sind ihm aufgebürdet worden!

Die Anfänge der Persönlichkeitsentwicklung im Hochmittelalter

Es sind also nicht *die* Normen einer Gesellschaft sind, die „sich" in die Köpfe der Individuen irgendwie einschreiben, sondern das Ich-Ideal und in geringerem Umfang auch das Über-Ich erzwingen die Selbstdomestikation, indem sie die Motive schaffen, über Sublimierungsprozesse den Glücksversprechen einer modernen Gesellschaft nachzujagen. Das Ausmaß dieser Selbstkultivierung hat in den letzten Jahrhunderten zweifellos stark zugenommen. Ihr historischer Ausgangspunkt liegt im Dunkeln, Freud suchte ihn in seinen Arbeiten über Totem und Tabu (1912/13) in jenen Zeiträumen, in denen Men-

Die Anfänge der Persönlichkeitsentwicklung im Hochmittelalter

schen ihre ersten Tabus, vor allem das Inzest-Tabu errichteten und damit ihre eigenen Triebansprüche zugunsten beginnender Kulturfähigkeit abwehrten. Von den vielen tausend Jahren, die seither vergangen sind, sollen uns hier jene Zeitabschnitte beschäftigen, in denen sich der mitteleuropäische Mensch aufmachte, die moderne, reflexive Persönlichkeit zu entwickeln: das 11., 12. und 13. Jahrhundert, also das Hochmittelalter. In jener Zeit begannen die Menschen West- und Mitteleuropas, diejenigen Sublimierungsleistungen zu entwickeln, die in der Neuzeit schließlich großartige kulturelle Leistungen ermöglichten.

Um mit den Folgen, mit den Ergebnissen der Sublimierungsleistungen zu beginnen: Ab dem 12. Jahrhundert entwickelte der mitteleuropäische Mensch die Fähigkeiten zur Perspektivenübernahme und der Empathie[133]. Voraussetzung war die Bildung eines Selbst-Bewusstseins, in modernerer Sprache einer „theory of mind", die den Menschen befähigt, über sich selbst und andere nachzudenken und insbesondere zu verstehen, dass das Handeln des anderen in dessen Anschauungen und Motiven gründet. Die Perspektive eines anderen übernehmen zu können, setzt eine Dezentrierung voraus: Ich muss einräumen können, dass die Welt von einem anderen Standpunkt aus betrachtet anders erscheint als für mich. In der Perspektivenübernahme zeigt sich eine komplexe kognitive Leistung (worüber Piaget äußerst einfallsreiche Experimente ersann), aber auch die Abwehr einer narzisstischen Weltsicht, in der das Ich den Mittelpunkt aller Erkenntnis bildet.

Kinder unserer Zeit brauchen bis zum 15., 16. Lebensjahr, um die Fähigkeit der Dezentrierung und der Perspektivenübernahme vollends zu erlernen. Zur Illustration das folgende fiktive Beispiel: Eine Mutter wohnt mit ihrer Tochter allein in einer Wohnung, in der Nachbarwohnung lebt ein Mann, der sich sehr freundlich um die Frau und ihre Tochter bemüht. Die Tochter erlebt aber, dass sich die Mutter sehr abweisend verhält.

- Wenn die Tochter fünf oder sechs Jahre alt ist, denkt sie: Meine Mutter ist immer so garstig zu unserem Nachbarn, obwohl der doch so nett *ist*.
- Wenn sie acht Jahre alt ist, denkt sie vielleicht: Meine Mutter *findet* ihn blöd, während ich ihn sehr nett *finde*.

---

[133] Einzelne, wie z. B. Augustinus, waren in früheren Zeiten dieser Entwicklung schon weit voraus.

6. Vorlesung: Abwehr an der Schnittstelle von Individuum und Kultur

- Mit elf Jahren könnte sie denken: Meine Mutter behandelt ihn so abweisend, weil sie alle Männer blöd findet, seit unser Papa uns verlassen hat. Ich hingegen finde erwachsene Männer nicht so blöd, und deswegen mag ich unseren Nachbarn auch ganz gern.
- Mit vierzehn Jahren könnte sie noch hinzufügen: Meine Mutter versteht, dass ich unseren Nachbarn so nett finde, weil ich nicht so darunter leide, dass unser Papa uns verlassen hat. Sie ist mir deswegen auch nicht böse, dass ich mit unserem Nachbarn gern zusammen bin.

Mit dieser komplexen Perspektivenübernahme zeigt die halbwüchsige Tochter, dass sie nicht nur versteht, dass Menschen ihre Situationen immer innerhalb ihres Deutungskontextes bewerten, sondern sie kann auch unterschiedliche Standpunkte über ein und dieselbe Sache nebeneinander stehen lassen und aufeinander beziehen.

Eine weitere, ähnliche Errungenschaft der Persönlichkeit des ausgehenden Mittelalters ist die Empathie[134]. Diese Fähigkeit setzt die eben vorgestellte Perspektivenübernahme als kognitive Kompetenz voraus, fügt aber noch die Kompetenz und die Bereitschaft hinzu, die Gefühlssituation eines anderen Menschen zu erfassen und – vielleicht in abgeschwächter Form – selbst nachzuerleben. Auch hierzu ein fiktives Beispiel: Herr A erfährt, dass ein Freund seinen Hund aufgrund einer Krankheit verloren hat. Herr A. ist erleichtert: Dieser bissige Hund war ihm zuwider, und er freut sich darauf, seinen Freund besuchen zu können, ohne Angst vor diesem Köter haben zu müssen. Dann fällt ihm aber ein, wie sehr sein Freund an seinem Hund hing, und er stellt sich vor, wie traurig der Freund jetzt sein wird. Er kann dieses Gefühl der Traurigkeit tatsächlich in sich selbst nachfühlen, obgleich er selbst über den Tod des Hundes keineswegs traurig ist. Das ist Empathie: sich in einen anderen, auch abwesenden Menschen einzufühlen und dessen Gefühlslage nachzuempfinden, obwohl sie der eigenen widerspricht.

Dass die Menschen gerade in der Zeit des Hochmittelalters diese Kompetenzen entwickelten, liegt, ganz kurz gefasst, aus folgenden Gründen nahe: In der Malerei, die im Frühmittelalter fast ausschließlich als sakrale Kunst verbreitet war, tauchten nicht nur profane Motive auf, sondern die dargestellten Personen gewannen persönliche Züge, in denen zunehmend ein Selbst erkennbar wurde. Albrecht Dürers Portraits zum Ende des 15. Jahrhunderts bildeten einen ersten großen Höhepunkt dieser Entwicklung. Biografische Darstellungen

---

134   Körner J (1998)

dienten im Frühmittelalter vor allem der Erbauung und Belehrung (Wie ist es, ein frommer Mönch zu sein?), sie verzichteten noch auf die persönliche Ausgestaltung einer Rolle als Bauer oder Mönch oder Ritter. Und wenn es überhaupt vorkam, dass eine Person von einem Stand in einen anderen wechselte, schien ihr das ohne Probleme möglich zu sein. Über den Edelherrn Bernhard II. zur Lippe (geb. etwa 1140) schreibt sein Biograf Justinus[135], dass er als nachgeborener Sohn eines Ritters zunächst ein frommer Mönch wurde, dann aber, als seine älteren Brüder gestorben waren, in den Stand eines Ritters wechselte, der raubte und brandschatzte und Kriege führen musste, bevor er, alt und krank geworden, sich von seiner Gattin trennte und wieder als frommer Mönch ins Kloster zurückkehrte. Aus heutiger Sicht sind diese biografischen Wendungen kaum vorstellbar, weil wir heute mit einem Selbst rechnen, das einem Leben von innen her Identität und Kontinuität verleiht. Erst im Hochmittelalter begannen sich die Autoren und ihre Leser für persönliche Ausgestaltungen einer Biografie und damit für das entstehende Selbst zu interessieren.

Im zwölften Jahrhundert setzt sich langsam durch, Personen mit Vor- und Familiennamen zu benennen und auch dadurch unverwechselbar zu machen. Das wurde auch nötig, weil in dieser Zeit der private Besitz an Grundstücken rechtlich möglich wurde, und man musste Eigentumsurkunden auf eine bestimmte Person anfertigen können. Schließlich wissen wir aufgrund der sorgfältigen Studien von Ariés und deMause[136], dass sich die Eltern-Kind-Beziehung im Mittelalter von Grund auf wandelte. Bis ins zwölfte und dreizehnte Jahrhundert hinein galten Kinder bis zum Alter von vielleicht sieben Jahren noch als sehr unfertige, unnütze kleine Erwachsene, unbeschriebene Blätter ohne eine eigene Persönlichkeit. Kindesaussetzungen waren nicht selten, und die hohe Kindersterblichkeit wurde durch Kinderreichtum kompensiert. Weil Kindern keine eigene Persönlichkeit zugeschrieben wurde, gab es bis ins 15. Jahrhundert kein Kinderspielzeug, nicht einmal Kinderkleider waren üblich. Es dauerte bis ins 16. Jahrhundert, dass die Erwachsenen die Persönlichkeit im Kinde entdeckten, dass sie gelernt hatten, sich ihren Kindern liebevoll zuzuwenden, und um es trauerten, wenn sie es verloren hatten. Noch der große Montaigne, der aufgeklärte Renaissancedichter schrieb in seinen Essays (1580): „Ich habe zwei oder drei Kinder im Säuglings-

---

135 Nach Wiersing E (1993), S. 188
136 Ariés Ph (1960), deMause L (1989), deMause (Hrsg.) (1980)

6. Vorlesung: Abwehr an der Schnittstelle von Individuum und Kultur

alter verloren, und dies zwar nicht ohne Bedauern, aber doch ohne Verdruß".

Was hat diesen Wandel im Hoch- und Spätmittelalter herbeigeführt? Versuchen wir eine Annäherung, indem wir uns die ökonomischen und gesellschaftlichen Veränderungen vor Augen führen, die Mitte des elften Jahrhunderts einsetzten und etwa bis zum Ende des vierzehnten Jahrhunderts – unterbrochen durch die große Pest 1347 – anhielten. Etwa von 1050 bis ans Ende des 14. Jahrhunderts gab es eine „Mittelalterliche Warmzeit" mit einer Erwärmung um mindestens zwei Grad, die zu einer ganz erheblichen Steigerung der Ernteerträge (damals überwiegend Getreide) führte. Auch die Einführung neuer Anbaumethoden, insbesondere die Erfindung der eisernen Pflugschar, die die Scholle umwarf und nicht nur den Boden aufritzte, und des Kummets für Zugpferde, vervielfachte die Ernteerträge. Die Anbauflächen wurden durch Rodung riesiger Waldflächen vergrößert. In dieser Zeit verbesserte sich die Ernährungssituation der Menschen, die Kindersterblichkeit ging zurück, und man nimmt an, dass sich die Bevölkerung im heutigen Mitteleuropa zwischen 1150 und 1400 fast verdreifachte. Dabei wuchs in der Bevölkerung der Anteil derer, die nicht unmittelbar in der Landwirtschaft arbeiteten und von ihr unmittelbar ernährt wurden[137].

Die ökonomische Entwicklung und das Bevölkerungswachstum ermöglichten und erforderten eine tiefgreifende Arbeitsteilung. Die Bauersfrau des 9. und 10. Jahrhunderts konnte Schafe scheren, Wolle spinnen, Stoffe weben und Kleider schneidern. Der wachsende Bedarf und die steigenden Ansprüche der Dorf- und Stadtbewohner erzwangen die Anfänge einer Professionalisierung der Berufe des Schneiders, des Webers, des Schafscherers usw. Diese Arbeitsteilung und Spezialisierung führte dazu, dass die Individuen sich durch ihre jeweiligen Fähigkeiten zu unterscheiden begannen. Tatsächlich waren ja die ersten Nachnamen eigentlich nur Berufsbezeichnungen, nämlich Schneider, Bäcker, Müller, Schmidt, Fischer, Meyer, Weber, Wagner, Schulz und Vogt – es sind bis heute die zehn häufigsten Namen in Deutschland.

Nun liegt es nahe, dass die Entwicklung individueller beruflicher Fähigkeiten ganz wesentlich dazu beigetragen hat, dass die Menschen des 12. und 13. Jahrhunderts ein Selbstbewusstsein entwickelten. Der Hans aus dem Dorf X wurde z. B. dafür bekannt, dass er wie kein anderer weit und breit Weberschiffchen schnitzen konnte. Jeder wuss-

---

137 Hirschfelder G (2001)

te das, und er selbst natürlich auch. Seine beruflichen Fähigkeiten machten ihn für ihn selbst und seine soziale Umwelt unverwechselbar und begründeten seine Identitätsvorstellung. Die frühe Arbeitsteilung und Professionalisierung handwerklicher Berufe beförderte also eine Individualisierung der Menschen – die später im Verlauf der Industrialisierung freilich wieder halbwegs verloren ging, weil die Menschen unter die Herrschaft der Maschinen gerieten, die ihre Individualität zunichte zu machen drohten.

Ich möchte die Vermutung wagen, dass die frühe Individualisierung, die dazu führte, dass sich den Menschen voneinander gut erkennbar unterschieden, die Entwicklung eines Selbst-Bewusstseins und zugleich auch das Verständnis für die Andersartigkeit des anderen förderte. Denn die Einsicht in die Eigen-Art des anderen erzwingt geradezu eine „theory of mind", also die Erkenntnis, dass andere anders denken und handeln, weil sie in anderen Kontexten leben. Das wachsende Verständnis für die Innenwelt der Menschen wird kaum vor den eigenen Kindern Halt gemacht haben. Konnte man in ihnen nicht schon ganz individuelle Eigenschaften erkennen, und wuchsen in ihnen nicht kleine Persönlichkeiten heran, auf die man vielleicht sogar stolz sein konnte?

Zweifellos erforderte die sich entwickelnde handwerkliche Produktionsweise ein hohes Maß an Abwehrleistungen: Man musste Aufschub der Erfüllung spontaner Wünsche leisten, seine Affekte angesichts unvermeidbarer Misserfolge kontrollieren und seine Befriedigung daraus ziehen, dass ein Werkstück (auch in den eigenen Augen!) gut gelungen ist, also sublimieren. Aber wie soll man sich diesen Sublimierungsvorgang vorstellen? Es wird ähnlich zugegangen sein, wie wir das schon im Falle des „Erlernens" der Bescheidenheit im Rahmen der Situation „Wir essen gemeinsam" vermutet haben: Es genügte eben nicht, dass das Kind die Regeln der Bescheidenheit beachten lernt, sondern die Aufgabe ging ja weiter: Es sollte seine oralen Triebwünsche abwehren, also unbewusst machen, so dass es seine Gier (oder seinen Neid über die großen Portionen der anderen) nicht ständig aus Angst vor Sanktionen mit großem Aufwand überwinden musste. Das Motiv für diese Sublimierungsleistung, welche die Gier verwandelt, entsteht in einem anspruchsvollen Ich-Ideal, zu dem das Kind sich selbst ausrichtet und das ein Befriedigungsgefühl verspricht, wenn seine Normen erfüllt werden. Wir hatten gesehen, dass diese Normen nicht einfach den übernommenen Wertvorstellungen der Eltern gleichen, denn das Ich-Ideal ist gleichsam depersonalisiert und weithin eine Schöpfung des Individuums selbst. Es übernimmt also weniger die konkreten Erwartungen der Eltern, sondern

6. Vorlesung: Abwehr an der Schnittstelle von Individuum und Kultur

eher eine diffuse, aber möglicherweise hoch gespannte Vorstellung, wie man zu sein hat.

Ähnlich können wir uns die Entwicklung der Abwehr- und Sublimierungsleistungen im Hochmittelalter vorstellen: Das wachsende Selbstbewusstsein, das in der Erfahrung von Individualität und handwerklicher Könnerschaft gründete, förderte die Selbstreflexion, also die Bezugnahme auf sich selbst und die Bildung eines Ich-Ideals, also einer Vorstellung, wie man zu sein hat. Diese Idealvorstellungen wurden zunehmend auch dem Kind angetragen, das die Eltern nach und nach als eigene kleine Persönlichkeit wahrnehmen konnten. Dieser Entwicklungsprozess eines Ich-Ideals und der von dort ausgehenden Abwehrmotive verlief natürlich über mehrere Generationen hinweg, aber vielleicht doch nicht gar so langsam, wie man angesichts der vielen hundert Jahre stagnierender Entwicklung bis dahin vermuten könnte. Denn die Veränderungen, die den Kindern des Hochmittelalters angetragen wurden, treffen sie keineswegs unvorbereitet: Ich vermute, dass die physiologischen Voraussetzungen für die Entwicklung der modernen kognitiven Kompetenzen wie Perspektivenübernahme oder einer theory of mind schon bereit lagen und gleichsam darauf „warteten", abgerufen zu werden. Noch weniger muss man an genetische Veränderungen denken, die über Mutation und Selektion die Voraussetzungen für die neuen Fähigkeiten hätten schaffen müssen. Es genügt anzunehmen, dass die Umweltreize, also die neuen Erwartungen der Eltern an das Kind, die Verwirklichung der genetischen Ausstattung im Kind beeinflusst haben. Aus der modernen Säuglingsforschung liegen genügend Nachweise[138] vor, die den unmittelbaren Einfluss der Eltern auf die kognitive Entwicklung des Kindes belegen.

So also könnte die Mentalisierungsfähigkeit, das Ich-Ideal und die von dort geforderte Abwehrleistung der Sublimierung in die Welt des mittelalterlichen Menschen gekommen sein. Die moderne, reflexive und empathische Persönlichkeit nahm hier möglicherweise ihren Anfang[139]. Sie sollte in vergleichsweise kurzer Zeit (wiederum verglichen mit den zurückliegenden Jahrhunderten des relativen Stillstandes) zu großen kulturellen Leistungen fähig werden.

---

138 Fonagy P, Gergely E, Jurist E I, Target M (2004)
139 Man muss daran erinnern: Diese Analyse bezieht sich auf die Welt des europäischen Mittelalters, also auf Mittel- und Westeuropa. Inwieweit derartige Entwicklungsschritte der Mentalisierung zu anderen, früheren Zeiten in anderen Regionen der Welt (z. B. in Griechenland) schon getan wurden, soll an dieser Stelle nicht beurteilt werden.

Im Hinblick auf den Einzelnen hatte ich schon erwähnt, dass wir vom psychoanalytischen Standpunkt aus nicht sagen können, welches das „normale", also „richtige" Ausmaß an Sublimierungsfähigkeit darstellte und mit welchen Maßstäben eine zu geringe oder eine zu hohe Sublimierung zu messen wäre. Wenn wir diesen Gedanken in einer Makro-Perspektive auf die Gesellschaft anwenden, können wir uns fragen, welches Ausmaß an Sublimierung verlangt werden muss, um ein angepasstes Leben in einer hochentwickelten Kultur wie z. B. der unsrigen zu ermöglichen. Hierzu hatte ich in Kapitel 2 geschrieben, dass das Ausmaß an Triebverzicht, das von einer Gesellschaft verlangt wird, tendenziell zu einem „Unbehagen in der Kultur"[140] führen kann, wenn es in keinem vernünftigen Verhältnis mehr zu den Glücksversprechen dieser Gesellschaft steht[141].

Nun scheint es so, als könne es in der Geschichte der Kulturen auch Phasen der „Entsublimierung" geben. Z. B. könnte der freiere Umgang mit der Sexualität in der zweiten Hälfte des vorigen Jahrhunderts als befreiende Entsublimierung angesehen werden, mit der die Prüderie der zurückliegenden Jahrzehnte überwurden wurde. Freuds Patientinnen, die er auf der Schwelle zum 20. Jahrhundert behandelte, waren ja in einer Zeit aufgewachsen, in der insbesondere Frauen von einer repressiven Sexualmoral unterdrückt worden waren, umgeben von einer lüsternen Gesellschaft, die überaus aggressive und imperialistische (Kolonial)Kriege führte. Die Überwindung dieser Heuchelei und die Liberalisierung der Einstellung zur Sexualität ist zweifellos ein Fortschritt, der bis heute anzuhalten scheint angesichts einer immer liberaler denkenden Gesellschaft, in der die Mehrzahl der Jugendlichen gewohnt ist, pornographische Filme im Internet anzuschauen.

Wilhelm Reich hätte in dieser Öffnung der Sexualmoral gewiss nicht jenen Fortschritt gesehen, den er sich mit seiner Forderung nach sexueller Befreiung herbeigewünscht hatte. Man kann sogar mit Reimut Reiche[142] diese „Entsublimierung" als „repressiv" bezeichnen, weil die Befreiung nur eine scheinbare ist: Sexualität ist längst zu einer Ware geworden, über die die Menschen nicht wirklich frei verfügen können; vielmehr unterliegen sie einem Diktat des Konsums und einem Zwang zur Aufhebung ihrer Sublimierungsleistungen.

Die Parteinahme für das unter mannigfachen Triebeinschränkungen leidende Subjekt inspirierte auch die Psychoanalytische Pädagogik

---

140 Freud S (1930)
141 Marcuse H (1955)
142 Reiche R (1968)

6. Vorlesung: Abwehr an der Schnittstelle von Individuum und Kultur

der dreißiger (und später auch der siebziger) Jahre des vorigen Jahrhunderts. Nachdem verstanden worden war, wie eine repressive Erziehung nicht nur zu neurotischen Fehlentwicklungen führt, sondern Generationen von Kindern zu anpassungsbereiten, wenn nicht gar autoritätsgläubigen Untertanen verbiegt, lag der Gedanke nahe, einen Entwurf von Erziehung zu wagen, der auf Triebeinschränkungen nahezu gänzlich verzichtet, um Kinder vor jenen charakterlichen Deformationen zu bewahren, die als autoritäre Persönlichkeiten den Faschismus und den überaus aggressiven Antisemitismus möglich gemacht hatten. Die Psychoanalytischen Pädagogen mussten aber einsehen, dass Kinder sich nicht selbst erziehen können, und die Idee vom lustvollen Lernen erwies sich weithin als eine Illusion. Das Gegenteil einer „repressiven" Erziehung ist ja nicht „keine" Erziehung (oder „Selbsterziehung"), sondern eine, die dem Kind oder Jugendlichen die Möglichkeit zur Verfügung stellt, seine Triebimpulse nicht auf primitive Weise abzuwehren, also z. B. zu verleugnen oder ins Gegenteil zu verkehren, sondern wirklich zu sublimieren, das heißt, sie z. B. in intellektuelle Strebungen zu verwandeln.

Diese Formulierungen über das Ideal einer Erziehung sind freilich sehr unbestimmt. Wie kann das gehen: dem Kind die Möglichkeiten zur Verfügung zu stellen, so dass es seine Triebimpulse nicht auf primitive Weise abwehrt, sondern sublimiert? Die gleiche Unklarheit wird sichtbar, wenn wir uns fragen, welche Ziele denn die psychoanalytische Arbeit verfolgt: Genügt es, den Patienten zu ermutigen, seine Selbstanteile, die er mit primitiven Abwehrformen von sich fernhielt, wahrzunehmen? Oder ermöglichen wir ihm auch, Triebansprüche zu sublimieren – und wie geht das in der analytischen Psychotherapie? Davon soll das abschließende Kapitel handeln.

7. Vorlesung
Die Aufgabe der Psychoanalyse

Im letzten Kapitel meines Buches möchte ich versuchen, aus dem bisher Zusammengetragenen Perspektiven für die Aufgaben der Psychoanalyse bzw. der Psychoanalytiker zu entwickeln. Ich werde wieder mit der Erzählung eines Einzelfalles beginnen und werde beschreiben, wie die psychoanalytische Behandlung in einer Mischung aus Dekonstruktion von Lebensgeschichte und Konstruktion eines neuen Beziehungsverhältnisses befriedigend gelingen konnte. Dann werde ich aus der Mikro- in die Makro-Perspektive wechseln und auch hier die Möglichkeiten der Dekonstruktion (Was kann die Psychoanalyse zur „Entzauberung" erstarrter gesellschaftlicher Verhältnisse beitragen?) und der Konstruktion (Was weiß die Psychoanalyse, wie Rituale entstehen und wie man sie fördert?) untersuchen.

Der historische Ausgangspunkt der Psychoanalyse war ja die dysfunktionale Abwehr gewesen, die den Menschen unfrei (zum „Verlierer", s. Kapitel 3) gemacht und häufig genug Symptome hervorgerufen hatte. Die Psychoanalyse hatte die Geschichte dieser pathologischen Abwehr rekonstruiert und eine Methode gefunden, Fehlentwicklungen zu korrigieren.

Die Erkenntnisse aus zahllosen Rekonstruktionen lassen sich so zusammenfassen: Der Anlass für eine Abwehrbewegung ist immer eine innere Gefahr, die uns zwingt, einen Gedanken, ein Gefühl oder eine Absicht vom Bewusstsein fernzuhalten. Welche Inhalte wir als gefährlich erleben würden, sagt uns unser Über-Ich, insbesondere unser Ich-Ideal. Dort liegen die Maßstäbe, die wir anlegen, und dort entscheiden wir unbewusst, wie ängstigend es wäre, z. B. einen aggressiven Affekt gegen einen Freund zu erleben, und wie radikal und wie haltbar die Abwehrmethode sein muss, um diesen Affekt vor uns und möglichst auch vor unserer Umwelt zu verbergen.

Wir wissen also recht gut, wie Abwehrmechanismen entstehen: Schamaffekte, die vor allem von unserem Ich-Ideal ausgehen, zwingen uns, Phantasien, die aus dem Rahmen einer sozialen Situation fallen

7. Vorlesung: Die Aufgabe der Psychoanalyse

würden, von dem bewussten Erleben fernzuhalten. Ein Beispiel wäre die Beschämung, die dem Kind droht, wenn es sich z. B. in einem Gottesdienst „daneben benimmt". Es ist gut zu erkennen, dass seine negativen Affekte zunächst von den Eltern veranlasst werden, aber schon vor der Einrichtung eines Über-Ichs übernimmt das Kind die Schamandrohung ins eigene Ich-Ideal und steuert sich damit selbst und gewinnt innere Sicherheit. Damit wird es zum „Gewinner" im „Abwehrkampf". „Verlierer" sehen wir vor allem dort, wo Individuen in der inneren Auseinandersetzung mit internalisierten Ansprüchen scheitern und sich schützen müssen, indem sie Teile ihres konflikthaften Erlebens abwehren, dabei aber Einsicht in die eigenen Motive und ihre Handlungsfreiheit verlieren und möglicherweise auch psychische oder psychosomatische Symptome bilden.

Hier nun das Fallbeispiel, aus der Praxis der stationären Psychotherapie. Es handelt von einer Patientin, die ich vor vielen Jahren über einen längeren Zeitraum von fast 6 Monaten behandelte und die mich zunächst in einer schwer erträglichen Weise herausgefordert hatte. An meine erste Begegnung mit ihr kann ich mich gut erinnern: Vor mir saß eine in einem großen Parka verhüllte 34-jährige Frau, die mich nur ganz kurz mit äußerst misstrauischem Blick streifte und mir nach wenigen Sätzen zu verstehen gab, dass ich mir meine therapeutischen Redensarten auch sparen könnte. Sie wüsste gar nicht, warum sie hier wäre und was das alles sollte. Wenn sie sprach, ließ sie ihre sehr vernachlässigten Zähne erkennen, wie sie überhaupt mit ihren Kleidern und ihrer Haltung zum Ausdruck bringen wollte, dass sie nicht gern angesehen werden wollte.

Meine spontane Neigung war, sie umgehend wieder zu entlassen, wenn sie glaubte, uns so entwerten zu können. Dieser Neigung habe ich mit einiger Mühe widerstanden, und sie blieb, „vorläufig", wie sie sagte. Allerdings machte sie sich auf ihrer Station und auch sonst in der Klinik rasch sehr unbeliebt, weil sie die Mitpatienten durch verletzende Bemerkungen vor den Kopf stieß und weil sie gegen eine Reihe von Regeln verstieß: Sie erschien nicht zum Essen, kam abends zu spät, zuweilen auch durchs Fenster alkoholisiert in die Klinik und lieh sich von einer Mitpatientin ein Fahrrad, mit dem sie dann einen Unfall hatte. Die Krankenschwestern ihrer Station beklagten sich bei mir über sie und forderten, sie zu entlassen. Diese Patientin brächte alle gegen sich auf und sei untragbar.

Widerwillig hatte mir die Patientin Details aus ihrem Lebensweg mitgeteilt. Sie war als eine Nachzüglerin geboren worden, ein „Unfall", wie die Mutter sagte, und man habe überlegt, ob man sie besser abtreiben ließe. Ihre Kindheit sei wohl recht freudlos gewesen, aber sie sei „gut behandelt" worden, könne sich „nicht beklagen". Offenbar fühlte sie sich aber unwillkommen, ungeliebt, und hatte versucht, sich durch Anpassung ein Existenzrecht in der Familie zu sichern. Sie war in der Schule isoliert, hatte niemals eine Freundin und auch als Erwachsene noch keinen Sexualpartner. Sie hatte studiert, einen sozialen Beruf ergriffen, war aber insbesondere mit Vorgesetzten und Kollegen in wiederkehrende Konflikte geraten, deren Hintergrund sie nicht verstand.

Die Patientin war immer schon überzeugt, dass alle Menschen sie ablehnten, und sie sammelte ihr Leben lang Erfahrungen, die ihr diese Auffassung zu bestätigen schienen. Auch in der Klinik provozierte sie Ablehnung, aber sie fühlte sich von allen schlecht und vor allem ungerecht behandelt. Ich versuchte ihr vergeblich klarzumachen, dass sie selbst die Ablehnungen hervorgerufen hatte, aber sie interpretierte auch diese Interventionen im Kontext ihrer Übertragung, nämlich als Angriff und ungerechtfertigte Kritik. Als die Situation sich zuspitzte, entschloss ich mich zu einer Deutung, die mir selbst wie ein „letztes Mittel" vorkam. Ich sagte in etwa: „Frau G., Sie tun viele Dinge hier in der Klinik, die gegen die Regeln verstoßen, und Sie wissen, dass Sie dafür entlassen werden müssten. Das erscheint mir wie ein Machtkampf, und es kann sein, dass Sie diesen Kampf gewinnen und wir Sie nach Hause schicken müssen, obwohl wir das nicht wollen. Ich glaube aber, ich habe verstanden, worum Sie so kämpfen: Es ist Ihre tiefe Überzeugung, dass niemand Sie lieben kann und dass alle Menschen Sie nur loswerden wollen. Und hier wollen Sie sich einen neuen Beweis für Ihre Überzeugung holen."

Die Patientin sagte nichts, aber in den nächsten Wochen änderte sie sich merklich, in ihrer Übertragung und auch in ihrem Verhalten in der Klinik. Als sie nach etwa einem halben Jahr entlassen wurde, hatte sie ihr Äußeres verändert, sie war ihrem Alter entsprechend (aber immer noch betont unauffällig) gekleidet, sie hatte ihre Zähne behandeln lassen und war sogar zum Frisör gegangen. Sie war zum Ende der Behandlung immer noch misstrauisch, reagierte sehr empfindlich auf (vermeintliche) Zurückweisungen und wagte nur sehr zögerlich nähere Beziehungen zu ihren Mitpatienten. Sie hatte sich eine ironische, etwas spöttische Art zu sprechen angewöhnt, mit der sie immer wieder Distanz schuf. Zum Beispiel sagte sie mir, als ich eine, wie ich fand, sehr gelungene Deutung versucht hatte: „Das hätte jetzt auch in irgendeinem Lehrbuch stehen können."

Die Patientin hatte ihre spalterische Abwehr („Alle hassen mich") offenbar zurückgenommen und in sozial akzeptable Abwehrformen (ihre spöttischen Bemerkungen) verwandelt. Warum das gelang, blieb im Dunkeln. Möglicherweise hatte sich positiv ausgewirkt, dass ich mich verwenden ließ, diese Rollenübernahme aber begrenzte. Außerdem könnte sie meine Intervention, mit der ich „die Waffen streckte" und ihr zuschrieb, dass sie diesen Machtkampf gewinnen kann, wenn sie will, ihr verborgenes Größen-Selbst gestärkt haben. Vielleicht war auch einfach die Versicherung wichtig, dass wir sie nicht nach Hause schicken wollen.

Dieses Beispiel könnte vielleicht stellvertretend für sehr viele Fallgeschichten veranschaulichen, was typisch für die psychoanalytische Arbeit unterm Abwehraspekt sein könnte: die Arbeit an radikalen („primitiven") Abwehrformen, mit denen ein Patient ängstigende, vor allem beschämende Einsichten von sich fernhält und mit denen er die Menschen seines Umfeldes einbezieht. Das ist auch eine rekonstruktive Arbeit, die einen Prozess der Selbst-Entfremdung „regredient" (Freud) zurückverfolgt, auch in einem zeitlichen Sinne, weil wir – wie in den meisten Fällen – die lebensgeschichtliche Entwicklung verstehen müssen, um den Abwehrprozess im Ganzen verstehen zu können.

Wir wissen nur wenig darüber, wie es gelingen kann, dass unser Patient seine radikalen Abwehrmechanismen aufgibt und den Mut fasst, sich dem Abgewehrten zu nähern. Wie schon im Kapitel 5 beschrieben, liegt der Beitrag des Analytikers darin, in der Gegenübertragung das Thema der interpersonellen Abwehr des Patienten zu finden und durchzuarbeiten. Die Hauptarbeit liegt freilich beim Patienten: Er muss die Beschämung riskieren, wenn er seine Abwehr lockert, und er muss selbst die Sublimierungsformen finden, um das bisher gänzlich verborgen Gehaltene doch integrieren zu können – wie im letzten Beispiel die spöttische Redeweise, mit der die Patientin andere Menschen immer wieder ängstlich-aggressiv auf Distanz hielt. Der Analytiker begleitet und ermutigt den Patienten und hilft ihm, das Gefürchtete annehmbar zu finden. Seine Stärken liegen eher in der Gestaltung der gemeinsamen Beziehung über ein unbewusstes Thema als in der Formulierung kluger Deutungen „an" der Übertragung.

Makro-Perspektive

Was die Psychoanalyse in unzähligen Einzelfällen erreicht hat, nämlich die Rekonstruktion von pathologischen Entwicklungsverläufen aufgrund nicht zumutbarer Lebensbedingungen, ist ihr auf der sozialwissenschaftlichen Makro-Ebene auch gelungen: Freuds kulturwissenschaftliche Arbeiten, insbesondere sein Essay über das „Unbehagen in der Kultur"[143] von 1930, öffneten unser Verständnis für das Ausmaß der Triebversagung (Abwehr!) und der Anpassungsleistung, das der Einzelne in einer hochentwickelten Kultur erbringen muss[144]. Die Psychoanalyse erschien ja zu einem historischen Zeitpunkt als kulturkritische Theorie, als das Ausmaß der Triebversagung schon sehr hoch geworden war, so dass die psychischen Belastungen des Einzelnen nach einer Lösung riefen. „Man fand", schrieb Freud[145], „dass der Mensch neurotisch wird, weil er das Maß von Versagung nicht ertragen kann, das ihm die Gesellschaft im Dienste ihrer kulturellen Ideale auferlegt".

Die Psychoanalyse ist, so betrachtet, ein Krisensymptom der bürgerlichen Gesellschaft, zugleich aber auch, wie Freud meinte, das Heilmittel – zumindest auf der Ebene des Individuums. Auf der gesellschaftstheoretischen Ebene trug sie als kritische Wissenschaft dazu bei, „die soziale Geschichte dieser Schäden freizulegen und damit die spätbürgerliche Gesellschaft zu entzaubern"[146]. Die Folgen dieser Entzauberung reichen sehr weit und sind heute noch spürbar. Ein spektakuläres Beispiel gaben jene Studenten, die am 8. Oktober 1967 den Fakultätsmitgliedern der Hamburger Universität das Transparent „Unter den Talaren der Muff von 1000 Jahren" vorantrugen. Die Wirkung dieser Aufsehen erregenden Aktion war deswegen so nachhaltig, weil der Spruch der Studenten längst brüchig gewordene Abwehrformen angegriffen hatte, denn die Rituale der traditionellen Universitäten waren hohl geworden waren und hatten nur noch der Form halber überlebt.

Es ist interessant zu beobachten, wie sich in einer Gesellschaft die Vorstellungen von den Rahmen bedeutungsvoller Situationen ändern, wie dann in zahlreichen Fällen die Schamschranke sinkt und wir unser Ich-Ideal mit seiner Norm („Hier wird keinesfalls gelacht") korrigieren. Vermutlich muss man sich auch die internalisierten Normen in einer Hierarchie angeordnet vorstellen; an der Spitze dieser Hierarchie stehen „heilige" Rituale, in denen man keinesfalls aus dem Rahmen fallen darf, ohne Beschämung von innen und oft auch Bestrafung von außen zu riskieren. Hierzu gehört vielleicht das Abend-

---

143 Freud S (1930)
144 Vgl. hierzu das Kapitel 4.
145 Freud S (1930), S. 446
146 Körner J (2006), S. 20

mahl in der christlichen Kirche[147]. Andere Rituale wie z. B. das Aufstehen im Fußballstadion, wenn die Nationalhymnen gespielt werden, sind sehr viel weniger streng bewacht. Im Falle der Rituale an der Universität kann man sich leicht vorstellen, dass die Studentenbewegung der siebziger und achtziger Jahre des vorigen Jahrhunderts eine „Meta-Regel" von der Lächerlichkeit speziell öffentlicher Rituale durchsetzte – regional und je nach Lebensalter der Individuen mehr oder weniger wirksam und nachhaltig.

Dabei sind derartige gesellschaftlich verbreitete Veränderungen ja nur ein gewichtetes Mittel aus überaus zahlreichen, unterschiedlich streng oder mild regierenden Abwehrformationen der einzelnen Menschen. Hierzu noch ein Einzelfall: Der Rahmen der Situation „Arztbesuch" und die ihn stützenden Abwehrmechanismen müssen von allen Beteiligten, also von dem Patienten und dem Arzt aufrechterhalten werden. Aber individuell gibt es Abweichungen. In einem Universitätsseminar über dieses Thema berichtete eine Studentin: Unlängst habe sie einen Arzt für eine gynäkologische Routineuntersuchung konsultiert und habe einen jungen Vertretungsarzt angetroffen, der ihr erklärte, nun auch ihre Brust abtasten zu müssen. Wortreich betonte er, dass sie das bitte nicht falsch verstehen solle, dass er keineswegs einen Übergriff im Auge habe. Ob sie das auch so sehen könne? Sie bejahte, etwas unruhig geworden. Also, meinte der Arzt, jetzt finge er gleich damit an. Der Patientin, meiner Studentin, wurde „mulmig", wie sie sagte, und sie wäre am liebsten aus der Praxis geflohen. Ganz offenbar hatte der Arzt jenes „Was hier geschieht, ist wirklich nichts Besonderes" selbst nicht mehr glauben können und mit seinen Beteuerungen auch bei seiner Patientin „schlafende Hunde" geweckt.

Wir wissen nicht, warum der Arzt den Rahmen seiner Untersuchungssituation selbst nicht (oder nicht mehr) halten konnte. Zweifellos hatte er sich nicht bewusst entschieden, seine Abwehr gegen sexuelle Phantasien aufzugeben, denn ebenso wenig, wie wir einen Abwehrmechanismus durch eine bewusste Entscheidung herbeiführen, ebenso wenig können wir sie durch einen einfachen Willensakt aufheben.

Abwehrmechanismen werden immer dann durchlässig, wenn die Angst vor der Beschämung bei Regelüberschreitungen oder die Angst vor dem Abgewehrten nachlässt. Das gilt in der analytischen Psychotherapie genauso wie im Alltag und in umfassenderen gesellschaftli-

---

147 In weniger säkularen Gesellschaften gibt es sehr viel mehr „heilige" Rituale, und die innere wie äußere Bedrohung angesichts einer Verletzung ist sehr viel aggressiver.

chen Kontexten. Auch hierzu ein aktuelles Beispiel: Der ehemalige Bundespräsident Wulff ist im Jahre 2012 daran gescheitert, dass die Menschen in Deutschland den Vertrauensüberschuss zurücknahmen, mit dem sie das Amt des Bundespräsidenten seit vielen Jahren schon ausstatten. Nicht der Mensch Christian Wulff änderte sich, sondern „nur" sein Bild in der Öffentlichkeit: Aus einem eher blassen, vielleicht zu glatten, aber durchaus erfolgreichen Politiker wurde ein spießiger Kleinbürger, der um kleine finanzielle Vorteile schacherte. Seine politischen Äußerungen wie z. B. „Der Islam gehört zu Deutschland" (seine Rede vom 3. Oktober 2010), die zunächst großes Gewicht hatten, erschienen plötzlich fragwürdig und hohl.

Wir sahen das Phänomen, das in dem Märchen von Hans Christian Andersen von des Kaisers neuen Kleidern erzählt wird. Plötzlich wird allen klar, dass „gar nichts dran ist" an dem Würdenträger, und er wirkt für alle nur noch lächerlich. Interessant ist, dass nicht wenige Kommentatoren in jenen Monaten nachdrücklich betonten, dass „nicht das Amt beschädigt" worden sei, sondern allenfalls die Person dieses Amtsträgers. Trotzdem ist es auch die Aufgabe seines Nachfolgers, den Vertrauensüberschuss bei den Regierten wieder herzustellen, den der Bundespräsident unbedingt braucht, um als Autorität wirken zu können – gerade weil seine faktische Macht eng begrenzt ist. Die Abwehr, mit der die Menschen auch in einer modernen Demokratie die Institutionen und „Würdenträger" stützen, ist fragil, die Adressaten des Vertrauensüberschusses müssen die Erwartungen wenigstens in etwa einlösen, sonst scheitert die projektive Identifizierung, also der unbewusste Dialog zwischen den Repräsentierten und ihrem Repräsentanten.

Vielleicht ist es die „Fragwürdigkeit" der projektiven Zuschreibungen, die den Amtsinhabern und Würdenträgern immer schon gefährlich werden konnte. Das älteste Beispiel hierfür wird im Ersten Buch Mose (Kapitel 3, Vers 1) erzählt. Der „Sündenfall" beginnt mit einer wirklich listigen Frage der Schlange: „Ja, sollte Gott gesagt haben: Ihr sollt nicht essen von allen Bäumen im Garten?"[148] Dabei war ja nicht unklar, was Gott „gesagt" hatte, aber man durfte vielleicht zweifeln, wie das gemeint gewesen war, und man durfte hoffen, meinte die Schlange, „wie Gott" zu werden, wenn man sein Gebot missachtete. Aber, auch das erzählt die Geschichte vom „Sündenfall", damit kam die Scham in die Welt, die seither die Achtung vor den „heiligen" Ritualen und Institutionen gebietet.

---

148 Bibel der Evangelischen Kirche, revidierte Fassung von 1984.

7. Vorlesung: Die Aufgabe der Psychoanalyse

Man könnte sich vielleicht das Wissen um die Dynamik von Abwehrbewegungen zunutze machen, um Rituale zu zerstören. Lange Zeit stand die Psychoanalyse im Verdacht, „Heiliges" zu zersetzen, weil sie immer schon wusste, dass jede geistige Bewegung, die das kritische Denken einschränkt, mit Abwehr, also mit einer gewissen inneren Unfreiheit, erkauft wird. Dass die Psychoanalyse im Nationalsozialismus verfemt wurde, lag nicht nur daran, dass sie als „jüdische" Wissenschaft galt, sondern die Nationalsozialisten spürten sehr genau, dass ihre Ideen von „natürlichen" Tugenden und erst recht der rassischen Überlegenheit der Arier einer psychoanalytischen Kritik nicht standhalten würden. Der „Feuerspruch", mit dem deutsche Studenten die Bücher Sigmund Freuds am 10. Mai 1933 auf dem Berliner Opernplatz und an zahlreichen anderen Plätzen verbrannten, lautete denn auch: „Gegen seelenzerfasernde Überschätzung des Trieblebens, für den Adel der menschlichen Seele! Ich übergebe der Flamme die Schriften von Sigmund Freud." In der Tat war der „Adel" der menschlichen Seele durch die Psychoanalyse in Gefahr geraten.

Man könnte hier die Frage anschließen, warum die Psychoanalyse in der DDR so entschieden unterdrückt wurde. Freuds Schriften durften – bis auf wenige Ausnahmen – nicht verlegt werden, und der westdeutsche Besucher riskierte, seine Freud-Ausgabe zu verlieren, wenn er beim Grenzübertritt damit „erwischt" wurde. Die Vermutung liegt nahe, dass dieser sehr repressiv agierende Staat fürchtete, seine Bürger könnten das „heilige" sozialistische Selbstverständnis „fragwürdig" finden und die Rituale und Zeremonien der politischen Führung „entzaubern". Die Unsicherheit der Staatsführung war ja jederzeit spürbar: In der Zensur, in dem Spitzelsystem und in den Versuchen, sich in der Öffentlichkeit ausschließlich positiv darzustellen. Die Revolution von unten war dann so rasch erfolgreich, weil die Bürger ihren „Vertrauensüberschuss", den sie ihren Politikern allzu lange gewährt hatten, auf eine stille Weise zurücknahmen, so dass die Institutionen des Staates der DDR gleichsam in sich zusammenfielen.

Der allgemeine Beitrag der Psychoanalyse könnte darin bestehen, dass sie daran mitwirkt, hohl gewordene Rituale und Zeremonien zu dekonstruieren und die sie stützenden Abwehroperationen freizulegen. Insofern also ist die Psychoanalyse „negativ" und „zersetzend", weil sie „heiligen" Szenen ihre Unantastbarkeit nehmen und sie dadurch zerstören kann. Zumindest kann sie erklären, warum Rituale sich auflösen, wenn die Individuen ihre Abwehroperationen, die das Ritual stützten, lockern, wenn sie sich also erlauben zu phantasieren, was aus dem Rahmen des Rituals fallen würde.

Ich glaube nicht, dass die kritische Kompetenz der Psychoanalyse weiter geht als das bisher Angeführte: Sie kann eine gesellschaftliche Institution oder ein Ritual nur dann entzaubern, wenn die Menschen begonnen haben, unter ihnen zu leiden und an ihnen zu zweifeln. Das gilt auch für die analytische Behandlung von Patienten: Der Analysand beginnt seine Abwehr zu bearbeiten, wenn er damit scheitert, sie interpersonal in der Übertragungsbeziehung zu seinem Analytiker durchzusetzen. Das ist der Ausgangspunkt für eine Veränderung – etwa im Beispiel der Patientin, die ihre Verlassenheitsangst dadurch bewältigte, dass sie die wichtigen Personen ihrer Umgebung kontrollierte. Weil sie damit scheiterte und weil ich ihr half, ihre Verlassenheitsangst zu bewältigen, konnte sie zunehmend auf ihre Kontrollneigungen verzichten.

Es ist auch nicht die Aufgabe der Psychoanalyse, Abwehrbewegungen anzugreifen, aus denen das Ich als „Sieger" hervorgeht (Kapitel 3), oder Rituale zu kritisieren, die auch in modernen Gesellschaften die notwendigen politischen Institutionen und ihre Repräsentanten stützen. Vor einer destruktiven Anwendung der psychoanalytischen Methode warnte Freud, indem er uns sein Lieblingszitat aus dem „Faust" an verschiedenen Stellen seines Werkes vor Augen hielt: „Das Beste, was du wissen kannst, darfst Du den Buben doch nicht sagen".

Die kritische Kompetenz der Psychoanalyse liegt darin, auf individueller wie auch auf gesellschaftlicher Ebene diejenigen Abwehrformen in Frage zu stellen, die dysfunktional geworden sind. Aber kann sie auch die Frage beantworten, wie angemessene Abwehrformen eingerichtet werden, die ja für den Einzelnen überlebenswichtig sind und die für soziale Rahmungen, für die Akzeptanz von Ritualen, überhaupt für die Entwicklung einer Hochkultur unbedingt gebraucht werden? Mit dieser Frage befinden wir uns an der Schnittstelle von Dekonstruktion und Konstruktion und bewegen uns von der Kritik an dem Übermaß an Abwehrleistungen, die individuell und gesellschaftlich gefordert werden, hin zu den Beiträgen der Psychoanalyse für die Gestaltung eines befriedigenden Lebens in einer Gesellschaft.

Kann man Abwehr erzeugen?

Jede Wissenschaft versucht, gefundene Erklärungen über die Entstehung bedeutungsvoller Phänomene für die Vorhersage und für die Beeinflussung zukünftiger Ereignisse zu nutzen. Nachdem wir z. B. die Gesetze des Lernens entdeckt hatten, versuchten wir sie für die

7. Vorlesung: Die Aufgabe der Psychoanalyse

Vorhersage und in einem weiteren Schritt auch für die Beeinflussung menschlichen Verhaltens zu nutzen. Aus dieser Umsetzung des Erklärungswissens in ein Veränderungswissen entstand z. B. die Verhaltenstherapie. Lässt sich – ganz analog – die „regrediente" psychoanalytische Methode, die eine Persönlichkeitsentwicklung zurückverfolgt und mithelfen kann, radikale und starre Abwehrmechanismen zugunsten flexibler Abwehrformen aufzulösen, gleichsam „herumdrehen" zu einer Theorie und Methode darüber, wie man die Bildung von Abwehrmechanismen beeinflussen und steuern kann, wie man z. B. jungen Menschen hilft, sich in den Ritualen des Kindergarten und einer Schule zurechtzufinden und die dazu nötigen Abwehrformen zu auszubilden?

Wie entsteht überhaupt Abwehr? Stellen wir uns folgendes Beispiel vor: Ein Dreizehnjähriger verliebt sich in eine Mitschülerin. Er überwindet seine Schüchternheit und riskiert, ihr in einer SMS zu schreiben, dass er sie „ganz toll" findet. Sie antwortet ihm, dass sie ihn auch „sehr nett" findet, und er phantasiert sich eine Liebesbeziehung mit erotischen Einzelheiten und einem durchgehenden Hochgefühl. Am übernächsten Tag sagt sie ihm auf dem Schulhof, dass sie sich in einen Mitschüler aus der Klasse über ihm verliebt habe und dass sie jetzt mit diesem Jungen „geht". Er hat mit heftigen Affekten zu kämpfen, mit welchen Abwehrformen könnte er sich helfen?

- Eine radikale, „primitive" Abwehrform wäre die Spaltung: Der Dreizehnjährige ist plötzlich überzeugt, dass das Mädchen eine gemeine „Schlampe" ist, die einen wie ihn gar nicht verdient habe. Er könne geradezu froh sein, nicht auf sie hereingefallen zu sein, da habe er ja noch mal Glück gehabt!
- Ähnlich verliefe eine Verleugnung: Der Dreizehnjährige würde vor sich selbst und vor anderen sicher sein, dass er gar nicht die echte Absicht hatte, das Mädchen für sich zu gewinnen, so dass die Zurückweisung eigentlich gar keine war – es ist gleichsam nichts Bemerkenswertes geschehen.
- Kaum weniger radikal wäre eine Projektion oder projektive Identifizierung. Der Dreizehnjährige könnte glauben, dass das Mädchen ihn absichtlich „reingelegt" hat; erst habe sie so getan, um ihm Hoffnungen zu machen, und dann machte sie sich ein Vergnügen daraus, ihn zu enttäuschen. Er könnte darüber nachsinnen, wie er es ihr „heimzahlen" könnte, damit sie merkt, dass man so nicht mit ihm umgehen kann.
- Er könnte auch eine Wendung gegen die eigene Person versuchen. Er könnte sich selbst für seine Ungeschicklichkeit herabsetzen,

könnte deprimiert feststellen, dass er einfach nicht attraktiv genug ist, um so ein hübsches Mädchen für sich gewinnen zu können.
- Ob eine Rationalisierung ausreicht, die Schamaffekte des Jugendlichen abzuwehren, kann man vielleicht bezweifeln. Er könnte sich z. B. sagen, dass es immerhin beinahe geklappt hätte, und wenn sein Konkurrent nicht so mit seinen Klamotten und seinem Moped angegeben hätte, dann hätte er, der Dreizehnjährige, auch eine sehr gute Chance gehabt. Außerdem wäre das auf Dauer sowieso nicht gegangen, zumal er gehört hat, dass die Familie des Mädchens wegziehen will. Auch könnte er sich gegenwärtig gar nicht auf eine intensive Beziehung einlassen, weil er sehr viel für die Schule lernen muss, um noch einen guten Realschulabschluss zu schaffen. Wenn dem Dreizehnjährigen eine dieser Rationalisierungen gelänge, hätte er einen sehr elastischen Abwehrmechanismus gewählt, der ja den Schamaffekt angesichts der Zurückweisung nicht gänzlich unbewusst macht, sondern nur beschwichtigt. Das wäre für einen Dreizehnjährigen eine bemerkenswerte Ich-Leistung, die für seine weitere Persönlichkeitsentwicklung gewiss förderlich sein könnte.
- Nur theoretisch könnte man sich für das Fallbeispiel noch elaboriertere Abwehrmethoden vorstellen. Eine Sublimierung könnte vielleicht darin bestehen, dass der Dreizehnjährige sich bemühte, seine Attraktivität zu erhöhen, indem er sich z. B. anstrengte, nicht mehr so kindlich-albern aufzutreten, sich erwachsener zu kleiden, besser in der Schule zu werden usw.
- Ob schließlich auch die Abwehrform des Humors zum Zuge kommen könnte, muss wohl gänzlich ungewiss bleiben. Der Dreizehnjährige könnte grinsend zu sich sagen, dass es ja immerhin einen Versuch wert gewesen sei, und er könnte ein wenig stolz auf sich sein, dass er diese Zurückweisung so locker weggesteckt habe: „Das macht mir auch so schnell keiner nach!"

Selbstverständlich steht es dem Dreizehnjährigen nicht frei, welche Abwehrmethode er wählen wird. Er wird diejenige anwenden, die seiner bisherigen Persönlichkeitsentwicklung, seinem Bindungsmuster und seinen kognitiven Kompetenzen am ehesten entspricht. Er wird sich auch an seinen Vorbildern orientieren, mit denen er sich in den zurückliegenden Jahren identifiziert und die er bei der Entwicklung seines Ich-Ideals in sich aufgenommen hatte. Es ist aber kaum vorstellbar, dass ein pädagogischer oder psychologischer Einfluss seine Abwehrstrategie beeinflusst haben könnte. Ein vielleicht gut gemeinter Rat der Eltern vom Typ „Nimm's doch mit Humor" würde seine

Wirkung verfehlen, wenn der Sohn z. B. zu einer Spaltung oder projektiven Identifizierung neigte.

Wir können daraus noch einmal den Schluss ziehen, dass wir Abwehrprozesse nicht absichtsvoll und schon gar nicht von außen initiieren können. Obwohl wir die Entstehung pathologischer Abwehrformen psychoanalytisch so gut rekonstruieren können und auch mithelfen, sie psychotherapeutisch in elastischere zu verwandeln, wissen wir doch nicht, wie wir die Entwicklung und den Einsatz der Abwehrmechanismen von außen steuern könnten.

Noch einmal: Die Makro-Perspektive

Dies gilt für den Einzelfall. Wenn wir nun noch einmal zurückkehren in die Makro-Perspektive: Könnte man Einfluss nehmen auf die Entwicklung von Ritualen oder Zeremonien und die dazu notwendigen Abwehrformen anregen? Zu dieser Fragestellung ein Beispiel in zwei Teilen: Eine große, traditionsreiche Universität hatte auch infolge der kritischen Wendung gegen überholte Traditionen in den siebziger Jahren des vorigen Jahrhunderts zahlreiche Rituale abgeschafft, weil sie fast allen Beteiligten hohl geworden zu sein schienen. Zu den Neuerungen gehörte, dass der Präsident seine Amtskette nicht mehr trug (auf die Talare der Fakultätsmitglieder hatte man schon vorher verzichtet) und dass die Feierstunden zur Verabschiedung der Studierenden abgeschafft wurden. Anstelle eines Festaktes mit Übergabe der Zeugnisse und Urkunden konnten sich die Studierenden nun ihre sehr schlicht gehaltenen Dokumente per Post zuschicken lassen oder im Sekretariat abholen.

Nachdem die Welle der überscharfen Kritik an den Ritualen der Universität abgeebbt war, versuchte die Universitätsleitung, abgeschaffte Rituale wieder einzuführen. Als Erstes wagte es der Präsident, im Rahmen einer universitätsöffentlichen Veranstaltung wieder eine Amtskette zu tragen. Als er aber mit seiner Kette das Auditorium betrat, brach insbesondere unter den vielen anwesenden Studierenden ein schallendes Gelächter aus, das lange Zeit nicht enden wollte. Natürlich behielt der Präsident seine Amtskette für dieses Mal an, trug sie aber, soweit ich weiß, in den nächsten Jahren nicht wieder in der Universitätsöffentlichkeit.

Was war geschehen? Die Studenten fanden das Tragen der Amtskette nur lächerlich, weil sie deren symbolische Aufladung und ihren

„Bedeutungsüberschuss" nicht nachvollziehen wollten. Selbst wenn sie es gewollt hätten, es wäre ihnen nicht gelungen, denn Rituale lassen sich nicht bewusst-absichtsvoll einrichten und schon gar nicht befehlen.

Der zweite Teil dieser Geschichte soll aber im Folgenden illustrieren, dass es auch in unserer Zeit gelingen kann, Rituale oder Zeremonien (wieder) einzurichten. Er handelt von der Wiedereinrichtung der abgeschafften Absolventenfeier für die examinierten Studenten. Eine Fachbereichsleitung der erwähnten großen Universität wollte an die Tradition der zeremoniellen Verabschiedung anknüpfen und plante einen Festakt, in deren Rahmen die Urkunden und Zeugnisse übergeben werden könnten. Es sollten besonders gute Abschlussarbeiten ausgezeichnet werden, der Dekan würde sprechen, ein Hochschullehrer sollte einen Vortrag mit einem Bezug zum Anlass halten, es sollten kleine Musikstücke aufgeführt werden, und der Abend sollte mit einem kleinen, aber festlichen Empfang enden.

Unter den Hochschullehrern herrschte große Unsicherheit, wie dieser Plan „ankommen" würde, und vorsichtshalber reservierte man nur einen mittelgroßen Seminarraum. Dieser aber erwies sich sofort als viel zu klein, so dass man ein Semester später einen Hörsaal vorsah, der wiederum zu klein war usw. Bald brachten die Absolventen Freunde und Verwandte mit, die ganz ungefragt die Veranstaltung mit Sprechchören und Transparenten mitgestalteten, und man sah viele Eltern voller Rührung der Verabschiedung ihrer Söhne und Töchter zuschauen. Ein Ritual war wiedergeboren.

Offenbar gab es bei den Studenten und ihren Angehörigen eine bereitliegende Neigung, den Bedeutungsüberschuss der Zeremonie anzuerkennen, sich ihr gleichsam zu unterwerfen, um sich in ihr wohlzufühlen. Man könnte vermuten, dass es sich hierbei um einen regressiven Prozess handelte, wie Freud ihn in der „Massenpsychologie und Ich-Analyse" 1921 beschrieben hat: Das Ich-Ideal wird auf eine „heilige" Zeremonie projiziert, deren sanfte Magie auf die Individuen zurückwirkt. Diese identifizieren sich untereinander, indem sie „eintauchen" in ein wohliges Gemeinschaftsgefühl, das sie untereinander gleich macht. Zugleich werden gewiss auch Schamschranken errichtet, welche das Ritual bewachen, denn in einer Zeremonie „aus dem Rahmen zu fallen", löst starke Schamgefühle aus. Man könnte daraus auch den Schluss ziehen, dass Rituale dem Zweck dienen, gemeinsam Schameffekte abzuwehren.

Die Beispiele zur gelungenen bzw. misslungenen Einrichtung eines Rituals sollten illustrieren, dass sich ein Ritual oder eine Zeremonie mit den notwendigen, den Rahmen stützenden Abwehrformen nur

7. Vorlesung: Die Aufgabe der Psychoanalyse

dann von außen einrichten lässt, wenn die Menschen bereit sind, sich dem Ritual zu unterwerfen. In diesen Fällen spielt die Psychoanalyse eine bescheidene Rolle: Zuschauer und Erzähler dessen, „was hier eigentlich los ist."

Literatur

Adler A (1912) Über den nervösen Charakter. Bergmann, Wiesbaden
Argelander H (1970) Die szenische Funktion des Ichs und ihr Anteil an der Symptom- und Charakterbildung. Psyche 24:325–345
Ariés Ph (1960) Geschichte der Kindheit. Hanser, München
Beebe B, Lachmann F (2004) Säuglingsforschung und die Psychotherapie Erwachsener. Klett-Cotta, Stuttgart
Bibring GL, Dywer TF, Huntington DS, Valenstein AF (1961) A study of the psychoanalytic process in pregnancy and oft the earliest mother-child-relationship. Psychoanal Study Child 16:9–72
Bieri P (2001) Das Handwerk der Freiheit. Über die Entdeckung des eigenen Willens. Hanser, München
Bion W (1971) Erfahrungen in Gruppen und andere Schriften. Klett-Cotta, Stuttgart
Bleger JB (1993) Die Psychoanalyse des psychoanalytischen Rahmens. Forum Psychoanal 9:268–280
Bohnsack R (2011) Qualitative Bild- und Videointerpretation. Einführung in die dokumentarische Methode. Barbara Budrich Verlag, Opladen & Farmington Hills (2. Auflage)
Börne, L (1823) Die Kunst in drei Tagen ein Originalschriftsteller zu werden. In: Ders. (1984) Gesammelte Schriften, Hoffmann und Campe, Hamburg, S. 231–235
Buchholz (2008) Tat-Sachen. Narrative von Sexualstraftätern. Psychosozial-Verlag, Gießen
Cremerius J (1979) Gibt es zwei analytische Techniken? Psyche 33:577–599
Daser E (1994) Das Problem der Bildung und der Integrationsbegriff bei Kernberg. Wege zum Menschen 46:469–485
Daser E (2005) Anerkennung als interaktionelles Moment der Psychoanalyse. Forum Psychoanal 21:168–183

Literatur

Daser E (2008) Integration. In: Mertens W, Waldvogel B (Hg) Handbuch psychoanalytischer Grundbegriffe. Kohlhammer, Stuttgart, S. 359–361

deMause L (1980) Hört ihr die Kinder weinen: Eine psychogenetische Geschichte der Kindheit. Suhrkamp, Frankfurt am Main

deMause L (1989) Grundlagen der Psychohistorie. Psychohistorische Schriften. Psychosozial-Verlag, Gießen

Dreyer K-A (2006) Niederfrequente Psychoanalyse. Die Behandlung einer thrombotisch thrombozytopenischen Purpura. Psyche 60:1077–1104

Ehlers W (2008) Abwehrmechanismen. In: Mertens W, Waldvogel B (Hg) Handbuch psychoanalytischer Grundbegriffe. Kohlhammer, Stuttgart, S. 13–25

Ehlers W, Czogalik D (1984) Taxonomic aspects of clinical charactertypology in psychotherapy. Psychotherapy and Psychosomatics 42:156–163

Elias N (1939) Über den Prozeß der Zivilisation. Verlag Haus zum Falken, Basel

Emerson JP (1974) Was hier geschieht, ist wirklich nichts Besonderes. Gruppendynamik 5:74–97

Erikson EH (1966) Identität und Lebenszyklus. Suhrkamp, Frankfurt am Main

Ermann M (1987) Behandlungskrisen und die Widerstände des Analytikers. Forum der Psychoanalyse 3:100–111

Ermann (2008) Widerstand. In: Mertens W, Waldvogel B (Hg) Handbuch psychoanalytischer Grundbegriffe. Kohlhammer, Stuttgart, S. 838–843

Fonagy P, Gergely E, Jurist EI, Target M (2004) Affektregulierung, Mentalisierung und die Entwicklung des Selbst. Klett-Cotta, Stuttgart

Freud A (1936) Das Ich und die Abwehrmechanismen. Kindler, München

Freud A (1968) Wege und Irrwege in der Kinderentwicklung. Klett, Stuttgart

Freud S (1894) Die Abwehr-Neuropsychosen. Studien über Hysterie, GW 1, 59–74

Freud S (1895) Studien über Hysterie. GW 1, 75–312

Freud S (1896) Weitere Bemerkungen über die Abwehr-Neuropsychosen GW 1, 379–403

Freud S (1901) Zur Psychopathologie des Alltagslebens. GW 4

Freud S (1905) Drei Abhandlungen zur Sexualtheorie. GW 5, 1–119

Freud S (1906) Meine Ansichten über die Rolle der Sexualität in der Ätiologie der Neurosen. GW 5, 149–159
Freud S (1909) Analyse der Phobie eines fünfjährigen Knaben. GW 7, 241–377
Freud S (1912/1913) Totem und Tabu. GW 9, 1–194
Freud S (1914) Zur Einführung des Narzißmus. GW 10, 137–170
Freud S (1915) Bemerkungen über die Übertragungsliebe. GW 10, 306–321
Freud S (1921) Massenpsychologie und Ich-Analyse. GW 13, 71–161
Freud S (1923) Das Ich und das Es. GW 13, 237–289
Freud S (1926) Hemmung, Symptom und Angst. GW 14, 111–205
Freud S (1930) Das Unbehagen in der Kultur. GW 14, 419–506
Frommer J, Tress W (1998) Primär traumatisierende Welterfahrung oder primäre Liebe? Zwei latente Anthropologien in der Psychoanalyse. Forum Psychoanal 14:139–150.
Goffman E (1977) Rahmen-Analyse. Suhrkamp, Frankfurt am Main
Grande T (2008) Ziele der Psychoanalyse. In: Mertens W, Waldvogel B (Hg) Handbuch psychoanalytischer Grundbegriffe. Kohlhammer, Stuttgart, S. 860–865
Grefe J, Reich G (1996) „Denn eben, wo Begriffe fehlen". Zur Kritik des Konzeptes „Projektive Identifizierung" und seiner klinischen Verwendung. Forum Psychoanal 12:57–77
Habermas J (1981) Theorie des kommunikativen Handelns. Suhrkamp, Frankfurt am Main
Hamburger A (1983) Übertragung und Gegenübertragung. In: Mertens W (Hg) Psychoanalyse. Ein Handbuch in Schlüsselbegriffen. Urban und Schwarzenberg, München, Wien, Baltimore, S. 159–166
Hartmann H (1939) Ich-Psychologie und Anpassungsproblem. Klett, Stuttgart (1970)
Heigl-Evers A, Heigl F (1973) Gruppentherapie: interaktionell – tiefenpsychologisch fundiert (analytisch orientiert) – psychoanalytisch. Gruppenpsychotherapie und Gruppendynamik 7:132–157
Heimann P (1950) On counter-transference. Intern Journal Psychoanal 31:81–84
Heimann P (1960) Bemerkungen zur Gegenübertragung. Psyche 18:480–493
Herder J G (1778) Vom Erkennen und Empfinden der menschlichen Seele: Bemerkungen und Träume. Riga, Hartknoch
Hirschfelder G (2001) Europäische Eßkultur. Geschichte der Ernährung von der Steinzeit bis heute. Campus, Frankfurt am Main

Hirschmüller A (2008) Sublimierung. In: Mertens W, Waldvogel B (Hg) Handbuch psychoanalytischer Grundbegriffe. Kohlhammer, Stuttgart, S. 721–725
Hoffmann SO (1979) Charakter und Neurose. Suhrkamp, Frankfurt am Main
Hoffmann SO (1987) Die psychoanalytische Abwehrlehre – aktuell, antiquiert oder obsolet? Forum Psychoanal 3:22–39
Hoffmann SO, Hochapfel G (1999) Neurosenlehre, Psychotherapeutische und Psychosomatische Medizin. Schattauer, Stuttgart
Hölzer A (2008) Freie Assoziation. In: Mertens W, Waldvogel B (Hg) Handbuch psychoanalytischer Grundbegriffe. Kohlhammer, Stuttgart, S. 213–217
Ilien A (2004) Fehleingeschätzte Bildung – ein Essay. Unv. Man.
Kächele H, Steffens W (1988) Abwehr und Bewältigung. Springer Verlag, Berlin
Kant I (1784) Beantwortung der Frage: Was ist Aufklärung? Berlinische Monatsschrift 4:481–494
Kant I (1803) Über Pädagogik. In: Ders. Werke in 10 Bänden, hrsg. von Wilhelm Weischedel, Darmstadt 1983, Band 10, S. 691–764
Kernberg O (1981) Objektbeziehungen und Praxis der Psychoanalyse. Klett, Stuttgart
Kernberg O (1997) Strukturelle Veränderungen aus der Sicht der Ich-Psychologie und der Objektbeziehungstheorie. In: Ders. Wut und Haß,. Klett-Cotta, Stuttgart, S. 154–178
Kind J (1986) Manipuliertes und aufgegebenes Objekt. Zur Gegenübertragung bei suizidalen Patienten. Forum Psychoanal 2:228–239
Klein M (1949) Bemerkungen über einige schizoide Mechanismen. In: Dies. Das Seelenleben des Kleinkindes und andere Beiträge zur Psychoanalyse. Rowohlt, Reinbek bei Hamburg, S. 101–125 (1972)
Klug G (2008) Negative therapeutische Reaktion. In: Mertens W, Waldvogel B (Hg) Handbuch psychoanalytischer Grundbegriffe. Kohlhammer, Stuttgart, S. 496–500
Kohlberg, L (1996) Die Psychologie der Moralentwicklung. Suhrkamp, Frankfurt am Main
König K (1982) Der interaktionelle Anteil der Übertragung in Einzelanalyse und analytischer Gruppenpsychotherapie. Z Gruppenpsychother Gruppendynamik 17:76–83
Körner J (1989) Arbeit *an* der Übertragung? Arbeit *in* der Übertragung! Forum Psychoanal 5:209–223

Körner J (1990) Übertragung und Gegenübertragung, eine Einheit im Widerspruch. Forum Psychoanal 6:87–104
Körner J (1998) Einfühlung: Über Empathie. Forum Psychoanal 14:1–17
Körner J (2006) Die Attraktivität der Psychoanalyse im 21. Jahrhundert. In: Lehrinstitut für Psychoanalyse und Psychotherapie e. V. Hannover (Hg) Bestehen, Bewegen, Verändern. Festschrift der wissenschaftlichen Tagung zum 40jährigen Bestehen des Lehrinstituts am 4. und 5. November 2005, S. 11–26
Körner J (2009) Psychoanalyse und Pädagogik, Bildung und Erziehung. Forum Psychoanal 25:311–321
Körner (2012) Deutungen (im Druck)
Körner J, Friedmann R (2005) Denkzeit für delinquente Jugendliche. Lambertus, Freiburg
Körner J, Müller B (2004) Chancen der Virtualisierung – Entwurf einer Typologie psychoanalytisch-pädagogischer Arbeit. In: Jahrbuch für Psychoanalytische Pädagogik 14, S. 132–152
Körner J, Rosin U (1985) Das Problem der Abstinenz in der Psychoanalyse. Forum Psychoanal 1:25–47
Laughlin HP (1970) The ego and its defenses. Aronson, New York
Lazar RA (1993) Bions „Container-Contained"-Modell am Beispiel einer ‚helfenden' Beziehung in der Praxis der Psychoanalyse. In: Ermann M (Hg) Die hilfreiche Beziehung in der Psychoanalyse. Vandenhoeck und Ruprecht, Göttingen, S. 68–91
Lichtenberg J (1991) Psychoanalyse und Säuglingsforschung. Springer, Berlin
Loch W (1965) Übertragung-Gegenübertragung. Psyche 19:1–23
Loch W (1974) Der Analytiker als Gesetzgeber und Lehrer. Psyche 28:431–460
Lorenzer A (1970) Sprachzerstörung und Rekonstruktion. Suhrkamp, Frankfurt am Main
Lorenzer A (1974) Die Wahrheit der psychoanalytischen Erkenntnis. Suhrkamp, Frankfurt am Main
Ludwig-Körner C (2012) Psychoanalytische Entwicklungstheorien. In: Cierpka M (Hrsg.) Frühe Kindheit 0 – 3. Springer Verlag, Berlin, Heidelberg, New York, S. 81–101
Mahler M, Pine F, Bergmann A (1974) Die psychische Geburt des Menschen. Fischer, Frankfurt am Main
Marcuse H (1955) Triebstruktur und Gesellschaft. Suhrkamp, Frankfurt am Main (1973)
Masson J M (1984) Was hat man dir, du armes Kind, getan? Sigmund Freuds Unterdrückung der Verführungstheorie. Rowohlt, Reinbek bei Hamburg

Mentzos S (1976) Interpersonale und institutionalisierte Abwehr. Suhrkamp, Frankfurt am Main

Mertens W (2008) Ich-Ideal. In Ders., Waldvogel B (Hg) Handbuch psychoanalytischer Grundbegriffe. Kohlhammer, Stuttgart, S. 318–327

Montaigne M de (1580) Essays II, Paris, S. 8

Naumann M (2006) „Bildung" – eine deutsche Utopie. In: Fatke R, Merkens H (Hrsg.) Bildung über die Lebenszeit. Verlag für Sozialwissenschaften, Wiesbaden, S 15–28

Ogden T (1979) Die projektive Identifizierung. Forum Psychoanal 4:1–21

Pauen M, Roth G (2008) Freiheit, Schuld und Verantwortung. Grundzüge einer naturalistischen Theorie der Willensfreiheit. Suhrkamp, Frankfurt am Main

Plessner H (1982) Mit anderen Augen. Aspekte einer philosophischen Anthropologie. Reclam-Verlag Stuttgart

Rangell L (1954) Similarities and differences between psychoanalytic dynamic psychotherapy. J Am Psychoanal Assoc 2:30–45

Reich G (2008) Projektive Identifizierung. In: Mertens W, Waldvogel B (Hg) Handbuch psychoanalytischer Grundbegriffe. Kohlhammer, Stuttgart, S. 600–603

Reiche R (1968) Sexualität und Klassenkampf. Zur Kritik repressiver Entsublimierung. Verlag Neue Kritik, Frankfurt am Main

Sandler J (1976) Gegenübertragung und die Bereitschaft zur Rollenübernahme. Psyche 30:297–305

Schindler R (1957) Grundprinzipien der Psychodynamik in der Gruppe. Psyche 11:308–314

Sterba R (1934) Das Schicksal des Ich im therapeutischen Verfahren. Int Z Psychoanal 20:66–73

Stone L (1973) Die psychoanalytische Situation. Fischer, Frankfurt am Main

Streeck, U. (2004) Auf den ersten Blick. Psychotherapeutische Beziehungen unter dem Mikroskop. Klett-Cotta, Stuttgart

Tschuschke V, Weber R, Oberegelsbacher H, Denzinger R, Anbeh T, Dirhold SS, Kühn A, Kächele H (2002) Das Verhältnis von Abwehr und Coping bei unterschiedlichen Erkrankungen. Z Med Psychol 11:73–82

Vaillant GE (1971) Theoretical hierarchy of adaptive Ego mechanisms. Arch Gen Psychiat 24:107–118

Vaillant GE (1992) Ego mechanism of defense. A guide for clinicians and researchers. American Psychiatric Press, Washington

Watzlawick P, Janet H. Beavin JH, Jackson, DD (1969) Menschliche Kommunikation – Formen, Störungen, Paradoxien. Huber, Bern
Wiersing E (1993) Überlegungen zum Problem mittelalterlicher Personalität. In: Röckelein H (Hg): Biografie als Geschichte. Edition diskord, Tübingen, S. 148–218
Willi J (1975) Die Zweierbeziehung. Spannungsursachen, Störungsmuster, Klärungsprozesse, Lösungsmodelle. Rowohlt Verlag, Reinbek bei Hamburg
Wright, GH von (1974) Erklären und Verstehen. Fischer Athenäum, Frankfurt am Main

Stichwortverzeichnis

A

Abstinenz 32, 35, 70, 117
Abstinenzregel 30, 32
Affekt 16, 80, 99
Affektregulierung 19, 80, 114
Arbeitsteilung 94, 95

B

Bescheidenheit 88, 95
Bildung 28
Bindung 13, 14, 45, 47, 52
Borderline-Persönlichkeitsstörung 21, 68

C

Coping-Mechanismen 19

D

Dekonstruktion 99, 107
Deutung 26, 72, 78, 101

E

Empathie 91, 92, 117
Entsublimierung 87, 97, 118

Esskultur 86, 88
Externalisierung 43, 45

F

Fiktion 63, 85, 86
Fiktionalität 63, 64
freie Assoziation 29, 30, 64, 65, 70

G

Gegenübertragung 32, 42, 54, 56, 57, 58, 60, 68, 69, 73, 102, 115, 116, 117, 118
Gegenübertragungswiderstand 79
Großgruppen 52
Gruppenpsychotherapie 50, 115, 116

H

Handlungsfreiheit 9, 25, 27, 28, 34, 82, 84, 100
Handlungsgründe 33
Hochmittelalter 23, 90, 91, 93, 96
Humor 23

Stichwortverzeichnis

I

Ich-Ideal 21, 36, 42, 48, 52, 88, 89, 90, 95, 96, 99, 103, 111, 118
Identifikation 10, 15, 52, 55, 70, 72
Identifizierungen 20
Indexfunktion 75
Individualisierung 95
Institutionen 52, 105, 106, 107
Integration 59, 72, 81, 83, 114
interpersonale Abwehr 43, 45, 46, 50, 60, 74, 75
Introjektion 10
Isolieren 10

K

Kollusion 47, 48, 49, 69, 79

L

Lehranalyse 70, 79

M

Mentalisierung 80, 96, 114
Motivsysteme 13, 45

N

Narzissmus 89

P

Pädagogik 97, 116, 117
Perspektivenübernahme 91, 92, 96
Professionalisierung 94, 95

Projektionen 10, 19, 20, 48, 53, 55, 89
projektive Identifizierung 54, 57, 59, 74, 105, 108, 118

R

Rahmen 22, 60, 61, 62, 63, 64, 65, 66, 67, 70, 72, 74, 75, 79, 82, 84, 85, 86, 87, 88, 89, 95, 99, 103, 104, 106, 110, 111, 115
Rationalisierung 15, 16, 17, 21, 35, 36, 76, 109
Reaktionsbildung 9, 10, 15, 16, 17, 18, 20, 21, 27, 35, 36, 49, 59, 69, 72
Regression 10
Rituale 39, 61, 85, 99, 103, 104, 106, 107, 110, 111
Rollenübernahme 45, 46, 49, 58, 102, 118

S

Sekten 52
Selbst 17, 18, 19, 22, 76, 89, 91, 92, 95, 102, 111, 114
Selbstbewusstsein 94, 96
Selbstdomestikation 23
Selbstkontrolle 23
Sexualität 44, 76, 97, 115, 118
Sexualüberschätzung 48, 52
Strukturniveau 28, 50, 55
Sublimierung 15, 18, 21, 23, 36, 38, 40, 84, 86, 88, 89, 90, 96, 97, 109, 116
Supervision 37, 73, 79
Symbolisierung 20

T

Tischsitten 38, 39, 40
topisches Modell 10

Triebschicksale 38
Triebversagung 103

U

Über-Ich 10, 12, 13, 24, 29, 36, 40, 44, 54, 55, 76, 82, 88, 89, 90, 99
Übertragung 21, 30, 37, 42, 54, 56, 57, 58, 60, 64, 65, 66, 67, 68, 70, 72, 73, 75, 76, 77, 78, 79, 81, 101, 102, 115, 116, 117
Übertragungsdeutungen 77, 82
Ungeschehenmachen 10

V

Verdrängung 9
Verhaltensdisposition 56, 58

Verhaltensursachen 33
Verstehensmodell 33
Vertrauensüberschuss 105, 106
Verwendung 43, 47, 58, 59, 70, 75, 115
Vorleistung 59, 72, 78, 79, 80, 81

W

Widerstand 66
Wiederholungszwänge 25
Wiederkehr des Verdrängten 49
Willensentscheidung 34

Z

Zeremonie 111

Personenverzeichnis

A

Adler, A. 29
Argelander, H. 31
Ariés, Ph. 93
Augustinus 91

B

Balint, A. 43
Balint, M. 43
Benedek, T. 43
Bibring, G. L. 17
Bieri, P. 34
Bion, W. 50, 80
Bleger, J. B. 61
Börne, L. 29
Buchholz, M. B. 74

C

Cremerius, J. 30
Czogalik, D. 17

D

Daser, E. 83
deMause, L. 56, 93
Deutsch, H. 43

E

Ehlers, W. 9, 17, 18, 21
Elias, N. 39, 40
Emerson, J. P. 62
Ermann, M. 66, 72

F

Ferenczi, S. 43
Fonagy, P. 54, 80, 96
Freud, A. 10, 12, 15, 18, 23, 29, 36
Frommer, J. 20

G

Goffman, E. 60, 61, 63
Grande, T. 83

H

Habermas, J. 31
Hamburger, A. 57
Hartmann, H. 29
Heigl-Evers, A. 50
Heimann, P. 30, 43
Heuss, T. 53
Hirschfelder, G. 94
Hirschmüller, A. 36

Hochapfel, G. 36
Hoffmann, S. O. 12, 18, 22, 36, 40, 84
Hollander, W. von 48
Hölzer, A. 29
Hubbart, L. Ron 52, 53

J

Jones, J. 53
Justinus 93

K

Kächele, H. 19
Kant, I. 28
Kernberg, O. 19, 83
Kind, J. 68, 69
Klein, M. 19, 54
Klug, G. 82
Kohlberg, L. 89
König, K. 67
Körner, J. 29, 54, 57, 64, 77, 79, 87, 92, 103
Krause, R. 63

L

Laughlin, H. P. 17
Lazar, R. A. 80
Lichtenberg, J. 13, 45
Lippe, Bernhard II. zur 93
Little, M. 43
Loch, W. 72, 80
Lorenzer, A. 31
Ludwig-Körner, C. 13

M

Mahler, M. 13, 44
Marcuse, H. 24, 97

Mentzos, S. 48, 52
Mertens, W. 88, 89
Money-Kyrle, R. E. 43
Müller, B. 64

O

Ogden, T. 54

P

Pauen, M. 34

R

Rangell, L. 82
Reich, A. 43
Reich, G. 54
Reiche, R. 97
Rosin, U. 29, 79
Roth, G. 34

S

Sandler, J. 45
Schindler, R. 50
Steffens, W. 19
Sterba, R. 30
Stone, L. 30
Streeck, U. 74

T

Thompson, C. 43
Tress, W. 20
Tschuschke, V. 19

V

Vaillant, G. E. 17, 21

Personenverzeichnis

W

Watzlawick, P. 48
Wiersing, E. 93

Willi, J. 47
Winnicott, D. W. 80
Wright, G. H. von 33
Wurmser, L. 12

2012. 108 Seiten mit 22 Abb.
und 13 Tab. Kart.
€ 19,90
ISBN 978-3-17-022186-4

Lindauer Beiträge zur
Psychotherapie und Psychosomatik

Michael Ermann

Angst und Angststörungen
Psychoanalytische Konzepte

Angst gehört zu jedem menschlichen Leben. Das Thema hat die Psychoanalyse bei ihrem Bemühen, die Tiefendimensionen der menschlichen Existenz zu ergründen, von Anfang an begleitet. Der Band zeigt, dass man die Entwicklung der Psychoanalyse über weite Strecken als eine Geschichte ihrer Angstkonzepte lesen kann. Er würdigt ausgewählte Meilensteine dieser Entwicklung mit den Beiträgen, die Freud und die Ich-Psychologie, die Objektbeziehungstheorie und die Selbstpsychologie zum Thema Angst beigetragen haben, und schließt mit einem Ausblick auf die klinische Systematik der Angsterkrankungen aus heutiger Sicht.

Prof. Dr. med. Michael Ermann ist Psychoanalytiker, Psychosomatiker und Psychotherapeut in München und leitete dort bis 2009 die psychosomatische Abteilung der Psychiatrischen Klinik der Ludwig-Maximilians-Universität.

▶ www.kohlhammer.de

W. Kohlhammer GmbH · 70549 Stuttgart
Tel. 0711/7863 - 7280 · Fax 0711/7863 - 8430

2013. 120 Seiten. Kart.
€ 22,90
ISBN 978-3-17-022184-0

Lindauer Beiträge zur
Psychotherapie und Psychosomatik

Wielant Machleidt

Migration, Kultur und psychische Gesundheit
Dem Fremden begegnen

Wer den Schritt der Migration wagt, begibt sich auf eine abenteuerliche Reise, an deren Ende er keine andere Wahl hat als die, ein anderer zu werden als der, der er vor seiner Abreise war. Der Orts- und Kulturwechsel ist nur die äußere Veränderung – die innere psychische Reise weist weit zurück zu den Anfängen der Persönlichkeit und voraus auf die Bildung einer neuen Identität.

Dieser Band vermittelt ein tiefes Verständnis von Integration als Individuation und kultureller Adoleszenz und stellt die Dynamik des Migrationsprozesses und seiner typischen Konflikte anschaulich dar. Auch die psychische Gesundheit von Menschen aus anderen Kulturen, ihre Verletzlichkeiten in der Fremde und die wesentlichen Merkmale interkultureller Psychotherapie kommen ausführlich zur Sprache.

Prof. em. Dr. med. Wielant Machleidt war Direktor der Abteilung Sozialpsychiatrie und Psychotherapie an der Medizinischen Hochschule Hannover.

▶ **www.kohlhammer.de**

W. Kohlhammer GmbH · 70549 Stuttgart
Tel. 0711/7863 - 7280 · Fax 0711/7863 - 8430